「話し合い力」を育てる コミュニケーションゲーム62

菊池省三　池亀葉子
NPO法人 グラスルーツ

中村堂

「はじめに」にかえて
コミュニケーションゲームの意義

菊池　省三

　私は、２０年以上もコミュニケーションの指導を、教室で力を入れて行っています。その中心は、スピーチ指導、対話指導、ディベート指導、話し合い指導・・・と変わってきましたが、コミュニケーションを核とした学級づくり、授業づくりを大切にして日々実践を行っているのです。

　本書は、私の実践の中心でもあるコミュニケーションの指導を、「ゲーム」という斬新な視点でまとめたものです。そして、「話し合い力検定」という新しい取り組みへの挑戦の第一歩として作られたものでもあるのです。今までにない目的とその内容なのです。

　もちろん、これまでもコミュニケーションの指導は、教室の中で行われてきました。しかし、それらの多くは、教科書のある単元だけであったり、取り立て指導のトレーニングであったりといったものでした。
　残念ながら、そのようなコミュニケーションの指導では、子どもたちも学級も変わりませんでした。コミュニケーションに関する知識や技術を教えることはできても、それらを身につけて人間関係をよりよいものにしたり、他者と考え合ったりする中で、お互いが成長し合う生活をめざそうという人間は育たないからです。

　理由は、以下の３点です。
　１つ目は、「楽しさ」がないからです。
　数時間にわたって「教え込む」指導を、今の子どもたちは喜びません。また、機械的なトレーニングでは、自分の成長につながる新しい発見や気づきがないからです。
　２つ目は、評価基準があいまいだったからです。
　コミュニケーションは伝えたい内容だけが重要なのではありません。声の調子や口調、表情や身振り手振りの非言語がとても大きな要素なのです。しかし、そのあたりの評価の基準が今までは不十分でした。これでは、子どもたちのコミュニケーションのレベルアップは望めないからです。
　３つ目は、繰り返し行える活動ではなかったからです。
　そもそもコミュニケーションの力は、体験を通して伸びていくものです。大きな単元での読解中心のような従来の指導や、形式的で単純な練習だけでは、実の場で生きて働くコミュニケーションの力は育たないからです。

本著は、以上のようなこれまでの指導の反省をふまえて作られています。ゲームの持つ楽しさを前面に出した「コミュニケーションゲーム」という活動を集めているからです。私たちは、ゲームが楽しさを持つということは前提であると考えています。次の2つも、ゲームの持つ重要な意義であると考えています。

　1つ目は、ゲームという勝ち負けのある遊びを導入することで、子どもたちが自分の頭で真剣に考える活動の場を作り出していくということです。
　2つ目は、1つ目で述べたような自分の頭で真剣に考える活動の場を作り出すために、ルールやそのやり方を工夫するということです。

　日常生活の中では簡単に見聞きしたり、経験できにくかったりすることをゲームという場で体験させることによって、それらを通して知識や技能を自主的に発見し、身につけられるようにする力が、ゲームにはあると考えているのです。

　本書では、教室や家庭ですぐに役立つコミュニケーションゲームを62個取り上げています。どれも子どもたちのコミュニケーション意欲を楽しくかき立てるものばかりです。取り上げているそれらは、各執筆者が何度も実践を繰り返し、簡単に追試が可能となるように、「ゲームの安定性」を第一に考えて作り出されたものばかりです。子どもが主役となって楽しく活動に参加できるように、修正・検討を繰り返し作り出したものです。

　これらのコミュニケーションゲームを通して、単に体系的な知識や技術を得るだけではなく、態度や技術の体験的な習得が可能となり、自分から人に関わろうとする力、実際の生活の中での出来事や問題に対応する力や考える力を、子どもたちが自分の力で身につけていくことができるでしょう。つまり、他者と互いを大切にし合う「話し合う力」を育てることができるでしょう。

もくじ

「はじめに」にかえて
コミュニケーションゲームの意義・・・・・・・・・・・ 2

1 コミュニケーションゲームの目ざすもの・・・・・ 9

2 コミュニケーションゲーム
　エクササイズ　やってみよう・・・・・・・・・ 15
　1 いいね！大作戦 ──────────────── 16
　2 あじゃじゃおじゃじゃ ─────────────── 18
　3 あ、落としましたよ ──────────────── 20
　4 プレゼント ───────────────────── 22
　5 数字語で話そう ────────────────── 24
　6 サイコロ対話ゲーム ──────────────── 26
　7 連想ものの名前ゲーム ─────────────── 28

3 コミュニケーションゲーム
　低学年以上　論理・・・・・・・・・・・・・・ 31
　8 どっちが好き？スピーチ ────────────── 32
　9 30秒スピーチ(石で考える) ──────────── 34
　10 ありがとう発見スピーチ ────────────── 36
　11 ワンワード ───────────────────── 38
　12 対話型問答ゲーム ───────────────── 40
　13 どんなものジェスチャーゲーム ─────────── 42
　14 ○○でドラマ ──────────────────── 44

4　コミュニケーションゲーム
低学年以上　情理・・・・・・・・・・・・・・・47

15　なりきり作文 ───────────────── 48
16　30秒スピーチ（火で考える） ─────────── 50
17　自己紹介ゲーム（好きな食べ物） ───────── 52
18　質問じゃんけんゲーム ──────────────54
19　なりきりインタビュー　もの編 ──────────56
20　好きなもの10個聞き出そう！ ─────────── 58
21　なりきり他己紹介 ─────────────── 60
22　私は木です ──────────────────62
23　見て！ ────────────────────64
24　宝物紹介ゲーム ──────────────── 66
25　サイコロ数字ストーリー ──────────── 68
26　あなたはクッションです ────────────70

5　コミュニケーションゲーム
中学年以上　論理・・・・・・・・・・・・・・・73

27　無人島サバイバルゲーム ───────────── 74
28　おすすめスピーチ　童話編 ─────────── 76
29　再現スピーチ ────────────────78
30　べきべきスピーチ ─────────────── 80
31　じゃんけんスピーチ ────────────── 82
32　文句言わせて！ ──────────────── 84
33　素晴らしさ発見スピーチ ──────────── 86
34　でもでもボクシング ────────────── 88

35	事実か意見かじゃんけんポン！	90
36	５Ｗ１Ｈ即興質問	92
37	隠し言葉当てゲーム	94
38	ティピカル・ストーリー	96
39	じゃんけん同時通訳	98

6 コミュニケーションゲーム
　　中学年以上　情理・・・・・・・・・・・・・・101

40	引用質問ゲーム	102
41	チャップリントーク	104
42	お茶の間リアクション	106
43	どんな時？対話ゲーム	108
44	おんなじおんなじ	110

7 コミュニケーションゲーム
　　高学年　論理・・・・・・・・・・・・・・・113

45	理由付け字数制限スピーチ	114
46	トップセールスマンを目指せ	116
47	風が吹けば桶屋ゲーム	118
48	これは良いニュースです	120
49	Why-Because ゲーム	122
50	その意見、ちょっと待った！	124
51	よってたかって質問ゲーム	126
52	違うよ	128

8 　コミュニケーションゲーム
　　　高学年　情理・・・・・・・・・・・・・・131
- 53　一人二役問題発生スピーチ ─── 132
- 54　なりきり対話　童話編 ─── 134
- 55　なりきりインタビュー　童話編 ─── 136
- 56　1分間対話 ─── 138
- 57　おすすめデートコース紹介ゲーム ─── 140
- 58　お願い！言って！ ─── 142

9 　コミュニケーションゲーム
　　　高学年　論理・情理・・・・・・・・・・・145
- 59　お悩みなんでも相談 ─── 146
- 60　社長！大変です！ ─── 148
- 61　お願い！頼みを聞いて！ ─── 150
- 62　自己解決スピーチ ─── 152

10 　「話し合い力検定」について・・・・・・・・・155

◆ 　資料編・・・・・・・・・・・・・・・・164

1 コミュニケーションゲームの目ざすもの

NPO法人グラスルーツ代表　池亀葉子

私たちは、話し合いによって成長する

僕たちは、話し合いによってわかり合う

目指せ 話し合い名人

話し合い - それは、優しさ

話し合い - それは、自分を知ること

話し合い - それは、挑戦すること

話し合い - それは、世界を知ること

人は、話し合いによって他人を知り、

　　　話し合いによって自分を知る。

人は、話し合いによってことばを知り、

　　　話し合いによって思考を鍛える。

人は、話し合いによって傷つき、

　　　話し合いによって希望を得る。

人は、話し合いによって世界を知り、

　　　話し合いによって世界を創る。

人よ、話し合いを楽しみ、

　　　話し合いの力を鍛えよう。

人は話し合いによって成長する

1 コミュニケーションゲームの目ざすもの

NPO法人グラスルーツ代表　池亀葉子

1.「話し合い力」のためのコミュニケーションゲーム

「最近の子どもたちを見ていると、人と関わる力や人とつながる力が低くなってきたと感じる。」これは、小学校・中学校・高校・大学や、塾や民間の教育の場などからよく聞かれる声です。自分で考えて、自分から行動してみよう、という力についても然りです。

また、異文化との衝突を免れない時代に備えるために、「グローバル人材」「社会人の基礎力」というような言葉で、「あるべき学生の姿」が叫ばれています。学校現場では、こうした、いわば時代の要請に合った人材を育成することが求められています。

「求められる姿」とは、考える力、行動する力、人とつながる力、異文化を理解し、言葉によってコミュニケートし、学校で学んだ知識を社会で運用し、問題を解決する力を持った人材育成です。

「求められる姿」と「現状」
——ここに、教育者たちの苦悩があります。

また、同時に、ここにこそ、教育者たちの挑戦があります。

これらの力は、個人の人生を切り拓き、より豊かに彩る力になる。

また、幸福な人々で形成される集合体である社会・国家というものは、幸福な集合体になり得る。

ゆえに、この問題は、社会全体の問題に外なりません。

「話し合い力」とは、個人の幸福と、社会の幸福のための力です。

それは、「言葉」の教育、「思考」の教育であり、力強い人間と力強い社会を創る力です。

以上のような背景認識から、「話し合い力」を高めるための対話ゲームの誕生にいたりました。学校、民間の教育の現場、家庭で実践されているゲームですが、それぞれの現場の事情はそれぞれの事情や特質があると思われます。それぞれの場に合った方法で実践してくださることを願っております。また、フィードバックをいただけると大変嬉しく思います。

2.「話し合い力」のためのコミュニケーションゲームの価値基準

■「論理の力」と「情理の力」
　このゲームは、「論理」と「情理」の両方の力を育成することを主眼としています。
□論理とは、考え方の道筋や構造のことであり、思考を深めていく順番や方法を含みます。「話し合い力」のためのゲームでは、以下のような力を育てます。推察力・視点を見つける力・因果関係をたどる力・論理的思考・複眼思考・逆転思考・反論力・質問力・問題解決力・即興決断力・自分発見力
□情理とは、人として持つべき人間らしい感情や、人としてあるべき道理を指します。
　これは、所属するコミュニティ(集合体)や時代によって変化する傾向がありますが、ここでは、「実際に現に対する人」とのコミュニケーションを軸に考えます。このゲームでは、以下の力を育てます。
　聞く力・受容力・共感力・想像力・思いやり力・ユーモア力・発想力

■ 伝える力
「非言語で伝える」「言語で伝える」の両方の視点から「伝える力」を育成します。伝える力・プレゼン力・身体・非言語表現力・非言語伝達力

■「言葉」の力
「言葉」は「思考」「こころ」を創る、という観点から、「言葉」そのものの力を鍛えていく必要があります。ゲームの中では、「言葉の力」を強化するために、「名詞」とは何か、「名詞を説明する言葉」とは何かを理解・演習・運用していくものや、単文作りやお話作り・スピーチによって文の構成を理解・演習・運用できるものを意図的に含めています。

■「即興」の力
　暗記した知識や練習した事だけを使うのではなく、即時判断つまり「即興型」の力を強化できるようなゲームとして構成されています。その場で起きたことに、どう行動するか、どんな言葉を出すか、ということを、「生きるための力強さ」を育成すべく盛り込みました。

3. 安心できる「クラス・カルチャー」で、自己チャレンジを

■ 安心できる暖かい場

　子どもたちが、自分のコミュニケーションの力を耕していくためには、自分をさらけ出してもよい、という安心できる場が必要です。未完成・未熟な自分をさらけ出すことは、子どもにとっても非常に怖いことであり、不安なことですね。その不安な気持ちは、自然な感情であること、誰しもそれを持っていることを理解し合い、それでも、それを打ち破って自己開放ができる場をみんなで創るんだ、という強い意思が必要です。なぜなら、「安心して自己チャレンジできる場」に「成長」があるからです。

　菊池省三先生の提唱される「ほめ言葉のシャワー」で、暖かい場を創っていただきたいと思います。

■ 価値観をひっくり返そう！失敗はおもしろい！

　子どもたちが、自己を肯定できなくなる時とは、どんな時でしょう。大人にほめられなかった時、失敗した時、テストで点が取れなかった時、間違えた時、と様々にあるでしょうが、それは、ある価値基準によって裁かれてしまった例です。その価値基準だけで人間の力は計られるべきではありません。限定的な価値基準で、押し込められ、自己を肯定しにくい環境は好ましくありませんね。

　ぜひ、別の価値基準があることを、このゲームを通して子どもたちに知らせてあげてください。

失敗はおもしろい！

失敗はどんどんしちゃえ！

だって、失敗は成功のもとって言うじゃない？

間違いは怖くない。

子どもはみんな間違える。

おとなもみんな間違える。

間違いはダメってだれが決めたの？

失敗して、間違って、ずっこけて。

あはは！みんなでやると、面白い！

失敗が怖くなくなったら、あれ？いろんなものが見えてきた。

いろんなことがおもしろくなってきたぞ。

２ コミュニケーションゲーム
エクササイズ　やってみよう

友達とぶつかってみよう。
友達を感じてみよう。
友達とゲームで遊ぼう！

・・・でも、失敗したら、恥ずかしい。
変な子って思われるかも。
難しいのはイヤだ。
間違えるかもしれないもん。
間違えたら、かっこわるいもん。

でも、ちょっと待って。
本当にそうかな？

失敗するのは、変な子？
間違えるのは、かっこ悪い子？

まあ、いいか。
気にしないで遊ぼうか。

あれ？
「失敗って、楽しい！」
「失敗って、おもしろい！」
「間違えるのも、怖くない！」
どうしてかな？

・・・どうしてかな？

「恥ずかしい気持ち」ポイ！
「心配な気持ち」ポイ！

さあ、みんなで「失敗した！もう一回！」

心がわくわくして、みんなの事が好きになる。
心がぽかぽかして、自分の事が好きになる。

エクササイズ

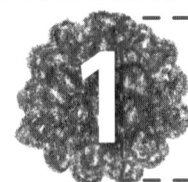 1 いいね！大作戦

育てたい力
観察力

■ねらい

　これは相手をよく見て、他人の中のすばらしさを発見し、それを伝え合うというゲームです。日本人は比較的、積極的に面と向かってほめる言葉を出すことが少ない傾向があると言われています。でもお互いの良いところを認め合うことはいいことですね。普段はあまりしないことでもゲームという形でなら経験ができます。

　相手が好きであろうものを探したり、察する努力をしたりすることも学んでほしいですね。照れくさくても言葉にして伝えてみましょう。

・ほめ言葉で、友達のことをもっと知ろう
・ほめ言葉で、友達と仲良くなろう
・ほめ言葉で、自分のことをもっと好きになろう

■やり方

●人数　2人（ペア）
●時間　30秒〜1分
●遊び方

①ペアの相手をよく観察して何かをほめる言葉を言う。
　例：そのリボンは大きくてかわいいね。
　　　帽子がよく似合ってるよ。
　　　青色が好きなんだね。いいね。
　　　いつも笑っていていいね。
②言われた方は「ありがとう」と素直にその言葉を受け取る。
③一言ずつ、ほめる側、ほめられる側を交代しながら制限時間内続ける。
④時間が来たら、ペアの相手を交代する。

■ 指導のポイント

　このゲームを繰り返すと、常に相手の良いところを観察する姿勢を育み、些細ないさかいや行き違いも随分減るでしょう。

①自分が思っている自分と、他人から見えている自分は違うところがあるんだな、ということを気付かせる。

②たとえ「自分はそうは思わない」ということをほめられたとしても、相手にはそのように見えたのだなと受け入れてみるように促す。

③意外なことをほめられた時、どんな気持ちがするのか、また新たな発見があったのかなど振り返り、グッときた言葉を挙げるのもよい。

④大事なことは、ほめる際に「嘘をつかない」ということ。観察したことから本当に思ったことだけを伝え合うように指導する。

■ 合格ラインのモデル

例：掃除の時に机を軽々と持ってくれて、力持ちですね。
　　きれいな目をしていますね。
　　いつも髪型がきまっているね。
　　姿勢がいいですね。
　　今朝の登校班の時に、1年生の面倒をよくみていましたね。
　　意見を言うときに、人が思いつかないような面白いことを思いついてすごいですね。

■ ジャッジ

①相手を一生懸命見ているかどうか。
②相手の言ってくれたことを受け入れられているか。

■ 応用・発展

・中・高学年は、目に見えることだけでなく普段の行動、相手のここは見習いたいと思っている点などもどんどん伝えていけるとよい。
・何個ほめ言葉を言えたのか、数えてみるのもよい。

エクササイズ

2 あじゃじゃおじゃじゃ

育てたい力
表現力
（身体・言語）

■ねらい

　ひとつしかない椅子を巡って、席を譲ってほしい人と、譲りたくない人のドラマを演じるゲームです。
　譲ってほしい！という気持ちを熱心に伝え続けること。
　譲りたくない！という「NO」をはっきり伝えること。まずは、この経験をすることが目的です。
　そして、非言語のコミュニケーションを通じて、言語以外の伝え方があることを体験として知ること。また、人の心を動かすとはどんなことなのか、自分の心が動く時はどんな時なのかを知ることも大きな目的です。

■やり方

- ●人数　2人(ペア)
- ●時間　1ゲーム1分程度(相手を動かせた時点で終了)
- ●遊び方

①2人組になる。
　1人が椅子に座った状態、もう1人は、その横に居る状態でスタート。
　立っている1人は「あじゃじゃ」、
　座っている1人は「おじゃじゃ」としか言えない。

②「あじゃじゃ」の人は、「おじゃじゃ」の人が座っている椅子に座りたい。
　「変わってくれない？」という気持ちで発する言葉は「あじゃじゃ。」
　非言語のコミュニケーション手段(お願いする仕草、声のトーン、乱暴にならない程度のタッチ)も駆使して、いかに自分が座りたいか、相手に替わってもらってまで座りたい気持ちをを伝えます。
　座っている「おじゃじゃ」の人は、「絶対に替わりたくない。」という言葉を「おじゃじゃ」で伝える。

③「あじゃじゃ」の人は、どうすれば席を譲ってもらえるか、いろいろな方法を使って制限時間いっぱい「譲ってほしい！」という気持ちを伝える。

④「おじゃじゃ」の人は、基本的には席を譲りたくない。でも、「やっぱり譲ってあげてもいいかな。」と気持ちが動いたら、気持ちに従って譲る。

⑤制限時間は1分程度とするが、時間までに説得に応じて席を交代してくれたら大成功！制限時間内に終わったチームは、まだ終わっていないチームの周りに集まって見学しましょう。

■ 指導のポイント

・「あじゃじゃ」の人は、あの手この手で、席を譲ってもらえそうな方法を考えましょう。かわいらしくお願いをしてみる。手を合わせて心から悲痛にお願いしてみる。体調が悪い演技をして同情を買ってみる。泣いてみる。怒ってみる。「ちょっとこっち来て見て！」と騙してみる。甘えてみる。など、フィクションの中で遊んでみましょう。
・「おじゃじゃ」の人は、フィクションの中だからこそできる「NO!」をはっきり伝えてみましょう。無理せずに、「譲ってあげたいな。」「仕方ないから譲ってあげよう。」と思えたら、譲ります。
・「一生懸命さに、譲ってあげたくなった。」「なんか、そろそろ居心地が悪くなってきた。」「気の毒に思えてきた。」「説得されてしまった。」など、どんな風に心が動いたのか、ゲームの後でふりかえりをしましょう。

■ 合格ラインのモデル

■ ジャッジ

①説得される「おじゃじゃ」の人が心が動いたかどうか
②ノンバーバル（非言語）なコミュニケーションを集中してできたか。
③制限時間以内に席を替われたら、成功。時間は様子を見て加減します。

振り返りで、どんな時に心が動いたのかを発表しあう。「あまりにもしんどそうだったから。」「しゃあないな。」「かわいそう。」「こわかったから。」など。

> エクササイズ

3 あ、落としましたよ

> 育てたい力
> **発想力**

■ ねらい

　電車の降り際に「あの、ハンカチ落とされましたよ。」と声をかけてもらって、お気に入りのハンカチが無事手元に戻ったという経験はないですか？そのような場面をゲームにしました。ただし、落とし物が奇想天外です。そんな落とし物ありえない・・・・と思っても、落とした人は「ありがとうございます。」と受け取らないといけません。どのような落とし物を拾うことになるのでしょうか？このゲームでは柔軟な発想とその発想を受け入れる姿勢を育てます。

■ やり方

- 人数　4人以上
- 時間　1ゲーム1〜5分程度（人数による。3周くらいが適当）
- 遊び方

①全員でひとつの輪を作って時計回りにゆっくり歩く。

②最初の子どもが、前に歩いている人が落としたものを拾って渡す。
　「あの。」とか「あの、すみません。」と声をかけるか、肩をポンポンとたたくなどして、注意を引いたあと、「○○落としましたよ。」と伝える。
　例：あのー、ハンカチを落としましたよ。
　　　これあなたの指輪ではないですか？

③もらった人は、それがどんなものであっても、「自分の落としたものを拾ってくれた」という設定でお礼を言って受け取る。
　できれば。その受け取ったものを使って少しだけお芝居をする。
　例：ハンカチで顔をふく。
　　　指輪を指にはめる。

④全員がまた歩き出す。

⑤次に「もらった人」が今度は「拾う人」になって、②でしたように自分の前の人の注意をひき、自分の前の人の肩をポンポンとたたいて、新しいアイデアで「○○落としましたよ。」と同じことを繰り返す。

⑥3周（目安）するまで続ける。

■指導のポイント

　はじめのうちはハンカチとか消しゴムとかノートとかを拾っている子どもたちも慣れてくるといろいろなことを言い出すでしょう。ゴキブリとか、ランドセルとか・・・。相手のアイデアをおもしろがれる「場」を育てましょう。アイデアの違いをおもしろがり、「そうなの、大切にしているペットのゴキブリを拾ってくれて、ありがとう！」と、そのアイデアにのります。

　どんなアイデアでも受け入れてもらえる、肯定的に捉えてもらえる。そんな安心できるカルチャーを作ります。

■合格ラインのモデル

例：「あの、この洗濯バサミ、あなたのものと違いますか？」「ありがとうございます！」
　「このパンダの耳つきカチューシャ落とされましたよ。」「あ！そうです、ありがとう。」
　「あ、ラケット、落とされましたよ。」「わあ、ほんとだ！」
　「これあなたのオタマジャクシではないですか？」「ああ、探していたんです！ありがとうございます。」

■ジャッジ

　途切れたり詰まったりすることなく、落とし物を拾い、受け取ることができていたら大成功！

エクササイズ 4 プレゼント

育てたい力 **想像力**

■ねらい

　想像で、隣の人にプレゼントを渡す、というシンプルなゲームです。
　人にプレゼントをあげる、ということは、わくわくすることですね。相手が喜んでくれるだろうか、相手は驚くだろうか、と相手の反応を想像するとわくわくします。
　プレゼントをもらう時にも、想像力をしっかり使いましょう。自分のために誰かがプレゼントを準備してくれて渡してくれるという状況をありあり思い浮かべます。
　プレゼントを渡す人、もらう人、みんなでどんどん想像力を使ってわくわくしましょう。

■やり方

- 人数　クラス全員
- 遊び方　＜もらった人が物を決めるバージョン＞（「もらった人」が何を受け取ったのかを決めます。）

①円陣を作る
②スタートする人(A)が、横の人に空想のプレゼントを渡すジェスチャーをする。「プレゼントどうぞ。」「これ、プレゼント。」など、ふさわしい言葉と動作を付ける。プレゼントの大きさ、長さ、形、重さなどを体全体で表しながら渡すが、ものは自分の想像の中で止めておき、発語はしない。
③渡された人(B)は、大きさ、形や重さを感じ取りながら、丁寧に受け取る。
　「ありがとう、この○○」と、自分の想像したものの名前を言う。
④Bは、Cにプレゼントを渡す。Cは、受け取ってお礼を言う。

■ 指導のポイント

　プレゼントを渡す側のわくわくした気持ち、プレゼントをもらう側のわくわくした気持ちを、想像力をしっかり使って感じられるように、「どんな気持ちになるかな？どうしてわくわくするのかな。」など、声かけをしましょう。

・渡す側が想定したものと、受け取る側が想定したもののずれを楽しむゲームです。

・プレゼントは箱にはいっていない想定の方が楽しいです。

・プレゼントを渡す人は、床や空中の棚などから。プレゼントを取り出して（持ち上げて）渡すというように、想像力にこだわるとより楽しくなります。

・もらった人は、もらったプレゼントを大切そうに、一度どこかに（床や空中の棚など）に置いてから、次の人にプレゼントを渡しましょう。

・実際のゲームでよく出てくるものの例
　うさぎ、ぞう、ライオン、ダイヤモンド、手のひらサイズのきりん、なが〜い鉛筆、へび、ピアノ、家、両手をひろげてぎりぎり持てるサイズのリンゴ、その友達がほしがっていたもの、たこ焼き、いもむし、ぞうきん
（ぞうきんをもらってもそれをユーモアとして捉えておもしろがって「ありがとう」と言える「場」であるかどうかを見極めて、そうでない場合は、喜ぶであろうものを贈るというルールが必要です。）

■ 合格ラインのモデル

　プレゼントを贈る側も、もらう側も、どんなものが飛び出しても「おもしろがる」「わくわくする」ことができていれば、大成功！

エクササイズ

数字語で話そう

育てたい力
表現力
（身体・言語）

■ねらい

　前出の「あじゃじゃおじゃじゃ」と同じように、非言語の伝達力を使うゲームです。今度は数字しか話せません。さらに話せる（言える）数字の数が決められていますからそれまでに結論が出ないといけません。そして状況も少し複雑です。身振りや声の調子だけでうまく自分の気持ちを相手に受け入れてもらうことができるでしょうか？

・非言語で自分の気持ちを表現する。
・1から10までの制限のある回数の中で、2人で話を進展させる創造性と協調性。

■やり方

●人数　2人（ペア）
●時間　1ゲーム3分以内
●遊び方
①2人1組になる。
②場面設定を決める。（全員同じテーマでもよいし、別々のものをしてもよい。）
③どちらでもよいので、数字の1からスタートする。10まで続ける。
④最後に相手の気持ちを受け入れるか否かは本人にゆだねる。

●場面設定例
・最後の一粒のアーモンドチョコレートを巡って、「これ、食べていい？」
・給食の最後のから揚げを自分のものにしようとする友達に「ずるいよ〜。」
・「ねえ、外に出て遊ぼう！」と誘うが、行きたくない友達。
・お母さんあれ買って！！
・昨日けんかして、2人ともまだ怒っている時の会話。
・「そのゲームやらせて。」「ちょっと待って、これクリアしてから。」「ねえ、貸してよ。」

■ 指導のポイント

子どもたちが試したくなるような場面設定をすることが大切です。いくつかの例を挙げていますがこれ以外にも楽しそうなテーマを思いつけるといいですね。

このゲームでも先生のお手本が重要です。また、言葉の部分が少ない分、普段おとなしいお子さんでも抵抗なくできるようです。最後にお互いの健闘をたたえ合って温かな雰囲気で終わりましょう。

■ 合格ラインのモデル

■ ジャッジ

相手が気持ちを受け入れてくれたかどうかは別にして、言葉以外の伝達手段でうまく表現ができていれば合格。

■ 応用・発展

・いろいろなテーマを設定できるはずなので子どもたちと一緒にテーマを考えるのもいいですね。
・数を30まで増やすと、いろいろな展開ができて、いっそう楽しくなります。

エクササイズ

 **サイコロ対話ゲーム**

育てたい力
質問力

■ねらい

楽しい対話のきっかけとしてサイコロを使います。
サイコロの6面にあらかじめトピックが指定されていることで質問がしやすく、また、どの面が出るかわからないわくわくした気持ちも味わえます。
以下の力を育てます。
①トピックに合った質問力。
②相手のことを知りたい気持ち、自分のことを紹介したい気持ち。
③質問側、回答側双方のコミュニケーション力。

■やり方

●人数　2～4人程度
●時間　1人の人への質問タイムが1分～2分
●遊び方
①7センチ角のサイコロ（牛乳パックなどを使って作成可能）の各面にお題を書いて貼り付けたものを用意する。
②回答者がサイコロを振ってお題を決め、質問する側（残りのメンバー）がそのお題に関連した質問を次々として答える。
③時間いっぱいまで質問と回答を繰り返す。
④回答者を交代し、サイコロを振って②、③を全員が回答者になるまで繰り返す。

■ 指導のポイント

①低学年のうちは、どんなお題があるのかを前もって知らせておくほうが質問がスムーズに出るでしょう。
②制限時間も最初は短い時間に設定し、だんだん長くしていくとよいでしょう。
③相手のことに興味を持っていると、関連質問が深まることを気付かせたい。
④回答にこまるような質問や、全く関連のない質問はルール違反であることを前もって確認する。
⑤サイコロを振るときに、効果音などの工夫も楽しい。

■ 合格ラインのモデル

お題：家でやることで好きなこと（Bが回答者）
　A：「家でやることで好きなことはなんですか？」
　B：「私は、録画したビデオを見るのが好きです。」
　C：「どんなビデオをみるのですか？」
　B：「ジブリの映画のビデオです。先週の日曜日はとなりのトトロを観ました。」
　A：「へえ、そうなんだ、僕もジブリが好きです。ジブリの映画では何が一番好き？」・・・

■ ジャッジ

・テンポよく質問、回答が行われていたか。
・相手のことをより深く知ることを楽しめていたか。
・内容が関連質問とその答えになっているか。
・お互いのコミュニケーションを深められているか。

以上の点をジャッジします。

■ 応用・発展

・お題の例：「自分の良いところ」「好きな漫画や本」「おすすめスポット」「好きな動物」「秘密にしていること」「好きな食べ物」「あなたや家族のくせ」など。高学年ではお題を話し合いで決めてもよいでしょう。
・学級などでは、先生を回答者にして、グループ別に子どもたちが次々と質問をする、という活動に広げることで、先生との距離が縮まるので、年度初めなどにおすすめです。
・振り返りとして、感想を発表し合うのもよい。

論理　独話　低学年

7 連想ものの名前ゲーム

育てたい力
想像力

■ねらい

　「ライオン」と言われて何を連想しますか？「動物園」「ゾウ」「アフリカ」などの他に、「洗剤」を連想する人もいるかもしれません。ここでは想像力を育てるのがねらいです。それもテンポよく、途切れることなくどんどんとアイデアを出せるようにします。そのためにはかなりの集中力も必要になるでしょう。また、相手はまったく予想もつかない連想を言ってくるかもしれません。そのような体験を通して自分と違う連想を受け入れ、楽しむことも学んでほしいと思います。短い語をテンポよく言うので普段おとなしい児童にもしっかり声を出す練習にもなります。楽しみながら使える語彙も増やせます。

　また、このゲームでは名詞だけを使います。名詞とそれ以外の言葉の違いにも留意できるようになるといいですね。

■やり方

- ●人数　2人（ペア）
- ●時間　1ゲーム30秒
- ●遊び方

①2人組を作る。
②出だしの名詞を決める（名詞カードをひく、先生が決めるなどして）。
③ペアが交代で連想される名詞をパスしあう。
　この時、使える語は名詞だけ。
④2人のやり取りが途切れないようにする。
⑤制限時間内、途切れないようにテンポよく続ける

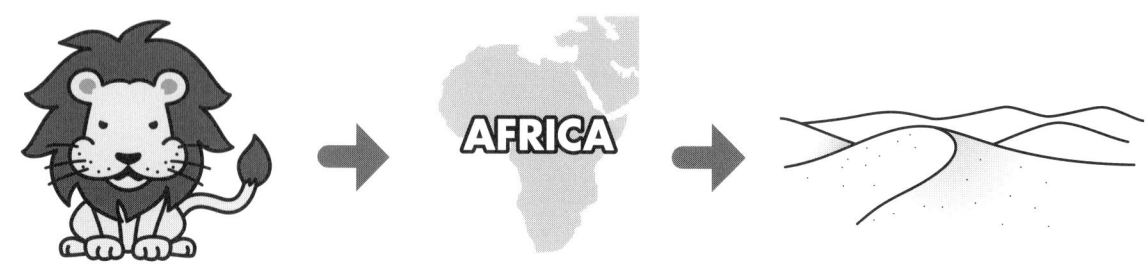

■指導のポイント

　子どもたちが大好きな「しりとり」のようなテンポ感で思いつく言葉をどんどん言うゲームですが、もちろん「しりとり」のルールは適用しません。このゲームでは使える言葉は名詞だけです。もしも「名詞」の意味を分かっていないようでしたらゲームを始める前にあらかじめ確認しておきましょう。

　また、連想には私的な思い出なども関連しますからほかの人から見たら意外なものを連想することがあるでしょう。そんな時は、「へえ、自分とは全然違う発想をするんだなあ。」ということをおもしろがって楽しめるといいですね。

　ゲーム終了後、どうしてそんな連想になったの？と聞き合う時間があっても楽しいですね。

■合格ラインのモデル

例：
ライオン　－　アフリカ　－　砂漠　－　ラクダ　－　ヤシの木　－　浜辺
　－　カニ　－　海　－　青　－　空　・・・・

■ジャッジ

　このゲームでは失敗や間違いがあってもいいのです。

　失敗はおもしろいという場の雰囲気をつくるのもねらいのひとつだからです。

　言葉をよどみなく出すために、協力、集中していたら合格とします。

　「途切れずにできているか」を判断するのが少し難しいかもしれませんが、どれくらいの「間」はＯＫなのか、先生がクラスの実態に合わせて基準を示してあげてください。

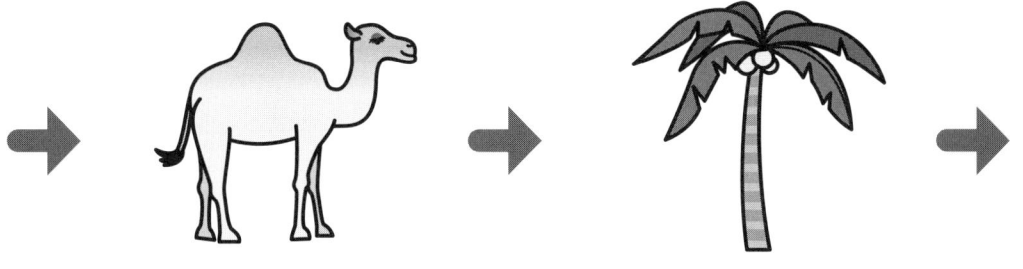

③ コミュニケーションゲーム
低学年以上 | 論理

「ことばの不思議」

頭の中で、何かがぼんやり見えてくる。
ああ、でも、それを言えない。
「ことば」にするのが、できない。
なんて言ったらいいのか、わからない。
これでいいのか、わからない。

「心配な気持ち、ポイ！」とやってみる。
「えいっ」と勇気を出してみる。

頭の中にあるものを「ことば」にすると、おもしろい。
上手な「ことば」は言えないけど、楽しい。

「ことば」って、いいね。
「ことば」って、どきどきするね。
「ことば」って、わくわくするね。

もっと「ことば」を遊んでみよう。
もっと「ことば」を聞いてみよう。
もっと「ことば」を出してみよう。

「ことば」にすると、すっきりする。
「ことば」にすると、嬉しい気持ち。
「ことば」にすると、あったかい。

不思議だなあ、「ことば」って。

論理　独話　低学年

8 どっちが好き？スピーチ

育てたい力
**因果関係を
たどる視点**

■ねらい

　２つのものを比べて、どちらが好きかをその理由と共に説明するゲームです。普段から「○○と○○、どっちが好き？」という質問に、気軽に答えることも多いと思います。これは、その理由を考え、わかりやすく伝えるゲームです。

　日頃なにげなく主観で好き嫌いを決めていたものを、その違いや特徴、五感や心的経験などの視点に着目し、なぜ一方が他方よりも好きなのかをわかりやすく伝えます。

　次の力を育てます。
①ものごとを対比させ、違いや特徴を発見する力。
②自分やほかの人の主観や感覚にもその理由があることを知る力。
③理由をわかりやすく伝え、なるほどと思わせる表現力。
④好きかどうか考えたことのないものでも、自分に当てはめて考える想像力。

■やり方

●人数　１人
●時間　１ゲーム　５分
カードの２つの言葉の対比から、どちらが好きかまたその理由を考える…３分
どちらが好きか、その理由のスピーチを発表する…２分
発表後、なるほどそんな視点もあるのかと思った発表を選ぶのもよい。
●準備　対比カードを用意する。
①まず、どちらが好きかを考える
②・「僕は／私は、〜と〜を比べたら、〜が好きです。理由は３つあります。（理由の数は高学年・中学年２つ）１つ目の理由は〜〜からです。２つ目、、３つ目、、」
　・「僕は／私は、〜が〜よりも好きです。それは〜〜からです。」（低学年のパターン）
　　高学年は３つ、中学年は２つ、低学年は１つ。（メモをしてもよい）
③なるほど、そんな理由（視点）で好きなのかと思った発表を選ぶ。
　比較するものの例：「いぬvsねこ」、「パンvsごはん」、「都会暮らしvsいなか暮らし」、「山vs海」、「ベッドvsふとん」、「水族館vs動物園」、「雨vs晴れ」、「子どもvsおとな」、「スーパーvsコンビニ」、「夏vs冬」

■ 指導のポイント

①導入として、指導者が分かりやすい例を示すこともよい。また身近で想像しやすいものからはじめるとよい。
②知覚、視覚、嗅覚、味覚、などの五感に加え心的経験、感情、記憶などが「好き、嫌い」に影響していることを気づいてほしい。
③なるほど、そんな視点から一方の方が好きなのか、と他の人が思いつかないようなユニークな理由も評価したい。ただしユニークさばかりを良しとしないように注意する。
④他の人の発表を聞き、なるほどそれでこっちが好きなんだ、と思った発表を挙手で選び、たたえ合います。

■ 合格ラインのモデル

「パンvsごはん」→ごはんが好きです。理由は３つあります。
１つ目の理由、パンの焼ける匂いよりごはんの炊ける匂いが好きだからです。（嗅覚）
２つ目の理由、梅干しをのせられるからです。梅干しは小さい時から大好きでごはんと食べるのが一番おいしいからです。（味覚、記憶）
３つ目の理由、ごはんの方がパンより太らなくて健康にいいからです。（経験）
以上の理由から私は/僕はパンよりごはんが好きです。

■ ジャッジ

①好きな理由をわかりやすく説明出来ているか、なるほどと思わせたか。
②高学年は３つ、中学年は２つ、低学年は１つの理由をナンバリングして挙げられたか。
③簡潔に理由を説明出来ているか。
④ほかの人が気が付かないようなユニークな理由についても評価する。

■ 応用・発展

班やクラス全体で同じ物の対比で、好きな理由を出し合うという発展もよいでしょう。
もうちょっと深く聞きたい時は、質問をするのもよいでしょう。
中高学年では慣れてくると対比カードへの提示例として抽象的な名詞の対比、たとえば、「やさしさvsきびしさ」などについて考え合うのもよいでしょう。

| 論理 | 独話 | 全学年 |

9 30秒スピーチ（石で考える）

育てたい力　スピーチ力

■ねらい

　制限された時間のなかで、話し手はもちろん、聞き手も楽しめる話を考え、与えられたお題について、聞き手にしっかり伝える話し方ができる力を養います。
次の力を育てます。
①短いスピーチを繰り返し練習することで、わかりやすく伝えられるスピーチ力。
②お題の内容のものとは何かをじっくり考える思考力。
③制限時間に過不足なくスピーチをする集中力や時間感覚。

■やり方

- 人数　1人
- 時間　30秒
- 準備　名詞カード・タイマー

①お題カード（名詞カード）を引いて、カードに書かれた内容について30秒間話す。
②1番の人は30秒間考える時間をもらう、2番目の人以降は、前の人が発表している30秒間に、お題カードを引いて考えておく。そして、どんどん30秒スピーチをしていく。
③引いたカードに関しての、論理的な石だけのスピーチ（P35参照）を考える。
④順番にどんどん発表していく。

■指導のポイント

・石のスピーチとは、お題のものについて深く向き合い、いったいどういうものなのか、私たちにとって、どういう存在であるのか、まずは定義することが望ましい。
・自分としては、お題のものがどうあるべきかの意見を明確に言う必要がある
・自分の意見は、3つくらいをナンバリングして、例を挙げたりしてまとめると、聞き手にはわかりやすいというアドバイスも有効であろう。
・低・中学年は、お題に対しての、自分の意見を言う程度でよい。
・高学年は、自分がお題に関して、知っていることを事実として述べながら、最後に自分の意見を言うとまとまりがでてよい。
・なるほどと思った発表を挙手などで選び、たたえ合うのもよい。

■合格ラインのモデル

お題・・えんぴつ

低・中学年・・えんぴつは紙に字や絵を書くときに使います。えんぴつは芯が短くなると削らないといけません。また、えんぴつの濃さはいろいろありHやBで表します。
　　　　　　みんなにもっとえんぴつをつかってほしいです。

高学年・・えんぴつは、平成の前の昭和・大正時代あたりがピークで使われていました。その後平成に入って、シャープペンシルが主流となりつつあります。でもえんぴつは、手になじみやすく、芯が太いので折れにくく、また字が上手に書けるので、僕はぜひ、えんぴつのよさをもっと見直すべきだと思います。

■ジャッジ

①わかりやすくはっきりと伝えられたか。
②30秒間止まることなく、またほぼ30秒という時間に過不足なく話せたか。
③内容が事実としてみんなが知っていること、また自分が知っている情報などをまぜて、みんなを納得させるようなスピーチができたか。

■応用・発展

・初めはグループに分かれて少人数から始めて、だんだん多人数の前でもスピーチができるようにしていく。
・高学年は時間を1分にして、より長いスピーチに挑戦するのもよい。
　また前もってお題を提示しておき、そのことに関して調べておいてスピーチすると、より濃い内容になり、納得のスピーチができるでしょう。

論理　独話　全学年

10 ありがとう発見スピーチ

育てたい力
視点を見つける力

■ねらい

普段からその存在が当たり前と考えられているものについて、改めて感謝するべきことを見つけ、それをわかりやすく伝えるゲームです。
次の力を育てます。
①物に対して、感謝することを発見する力。
②物に対してそれを作った人、発明した人などにまで思いを巡らせる想像力。
③自分自身にとっての感謝、私たちにとっての感謝、人間にとってなどの視点でみる俯瞰力。
④感謝の気持ちをわかりやすく伝える、表現力。

■やり方

- 人数　1人
- 時間　1ゲーム　5分

引いた名詞カードから、感謝する点を発見する…3分
その物に対する感謝のスピーチを発表する…2分

- 準備　名詞カードを用意する。

①名詞カードをひき、感謝する点を考える
②僕は/私は、〜〜に感謝したいと思います。（高学年・中学年）
　僕は/私は、〜〜にありがとうを言いたいと思います。（低学年）
　（高学年は3つの理由、中学年は2つの理由、低学年は1つの理由。）
③なるほど、そんな感謝の視点あるのかと思った発表を選ぶ。

私はご飯に感謝したいと思います

お米農家の人　　お米屋さん

■ 指導のポイント

①導入として、Ｉ（自分）の視点からの感謝→Ｗｅ（私たち）の視点からの感謝→私たち人間にとっての視点　というように大きな視点でみられるように指導。なかなかＷｅとしての感謝は見つけにくいが、型「私たちは～～に感謝したいと思います。もしこれが無ければ～～だからです。」で示すのもよい。

②物を作った人、発明した人、そんな見方に気付けるように例をあげるなどして誘導する。着眼点を初めから示すということはさけたい。

③Ｉ→Ｗｅ→私たち人間にとってというように、奥の深いところへの気づきが欲しい。そして生かされている、感謝するべきことがたくさんあることを考え合いたい。

■ 合格ラインのモデル

「私はごはんに感謝したいと思います。自分が毎日ごはんを食べられるのはそれを育ててくれた農家の人が収穫して、お米屋さんがお米にしてくれたおかげです。」

「私はテーブルに感謝したいと思います。これがあるおかげでご飯を食べる時に役立ちます。また、落ち着いて何かに向かおうと頑張れます。またご飯を食べる時も役に立ちます。勉強もできるからです。」

「かさ」「ほうき」「砂」「けしゴム」「ものさし」「自転車」「えんぴつ」など身近で想像しやすいものから始めるとよい。

■ ジャッジ

①感謝したい理由をわかりやすく説明出来ているか、なるほどと思わせたか。
②高学年は３つ、中学年は２つ、低学年は１つの理由を挙げられたか。
③簡潔に説明出来ているか。
④ほかの人が気が付かないようなユニークな視点を持っていても評価する。

■ 応用・発展

班やクラス全体で同じ物で、複数の感謝する点を出し合うという発展もよいでしょう。中高学年では慣れてくると名詞カードへの提示例として抽象的な名詞「音楽」「平和」「情報」「英語」「勇気」「うそ」などについて考え合うのもよいでしょう。

| 論理 | 対話 | 全学年 |

11 ワンワード

育てたい力
発想力

■ねらい

仲間と一緒に１つの物語を即興で作る楽しさを知る。

ひとり「ワンワード（ひとこと）」ずつ発話し、お話をつなげていくので、自分の思うようにはお話は展開していきません。このゲームでは、自分が思ったようにお話が進まないもどかしさを感じるかもしれませんが、友達のいろいろな発想でどんどんお話が展開していく楽しさを感じることをねらいとします。

■やり方

- 人数　２人以上（４人以上が好ましい）
- 時間　輪になって２周あるいは３周（以上）が終わるまでとする。
- 遊び方

①最初に物語をスタートする児童を決める。
②その児童は「きのう」や「むかしむかし」と、お話の出だしの言葉で始める。
③ワンワード（ひとこと）ずつ、順番にお話を続けていく。
④制限時間ないし、何周か回ったところで終了となる。
　最後の人の「ワンワード」でぴったり終われたら大成功！

※ワンワード：「大きな黒い犬が」「すると」「走ってきました。」「びっくりして見ていると」などの、言葉のひとかたまりを、ワンワードとする。対象児童に合わせて、ルールはアバウトにしてもよい。

1. 一年前の今日
2. ある男の子と
3. 犬のペットのチワワが
4. 山の方へ

（２周あるいは３周以上）

■ 指導のポイント

- ワンワードのルールがわからずに、たくさん話してしまう児童や、なかなか言葉がでてこない児童がいる場合は、あらかじめ、ワンワードの練習をしておくとよいでしょう。
- （練習例）ワンワードを書いた紙片を、黒板にたくさん貼り付けて見せ、さあ、ここからどんな風にお話を作っていこうか、と言って、先生と子どもで練習するなど。
- 「そうじゃなくて、こんなふうにお話を進めたほうが楽しかったのに」など、自分の思うような話の展開を望む声が聞かれるかもしれません。このゲームは、どんな展開でも、みんながそれを受け入れて、そのアイデアに乗って発想をつなげていくことで、みんなが思ってもいなかったお話が作れることを楽しめるように促してください。
- わくわくするお話を作るコツは、「勇気を持つこと」です。お話を大きく展開させたり、何かを起こすような「ワンワード」を言ったりすることは案外勇気がいります。思い切ってお話を展開させる勇気があれば、とても面白いお話ができます。
- 常識ではあり得ないような展開が、お話の中で起きても楽しいですね。

■ 合格ラインのモデル

例1：「1年前の今日」「ある男の子と」「犬のペットのチワワが」「山の方へ」「歩いていました。」「だんだん暗くなってきました。」「どんどん歩いていくと」「山への道は」「細くなっていきます」「すると」・・・

例2：「ある朝の事です。」「一匹のカエルが」「池の中で」「鼻歌を歌っていました。」「向こうの方から」「なんと」「くじらが近づいてきました。」「カエルは」「驚いて」・・・

■ ジャッジ

仲間でお話作りを楽しんでいたか。
テンポよく「ワンワード（ひとこと）」をつなげることができたか。
最後の人のワンワード（ひとこと）でぴったりお話が終われたか。

■ 応用・発展

いろいろなお話を作る

- 通常は、タイトルを付けずにお話作りをするが、「タイトル」を先につける方法もある（めだかの学校、花子の秘密、ももたろうのその後など）。
- 出だしに工夫をする。
  「昔々あるところに」「ある寒い日のことです。」「ある夜のことです。」「それは算数の時間に起きたことでした。」「これは、羊の親子のお話です。」など。

| 論理 | 対話 | 低学年 |

12 対話型問答ゲーム

育てたい力　即興決断力

■ねらい

　日頃、子どもたちは、「どちらでもいい」「まあまあ」「別に」などと答えることがあります。しかし、長い人生でチームとして何かを成し遂げていくとき、そのような答え方では困るという事態もあります。

　このゲームでは「3秒以内」に言わなければいけないというドキドキ、ワクワクとした楽しい緊張感の中、潔く「はい」か「いいえ」と答える練習を積んでいきます。さらに、なぜそう思うのかという理由を言うことで、主張を支える根拠を考える力も育てます。

　そのような決断力や論理的な考え方とともに、会話を長続きさせるための質問力も同時に向上を目指します。

■やり方

●時間　1ゲーム　2分

①ペアを作る。

②じゃんけんをして勝った人が負けた人に質問をする。
　例：「夏休みは好きですか」

③負けた人は3秒以内に必ず「はい」か「いいえ」を使って答える。
　（3秒以内に答えられないとアウト！）
　例：「はい、夏休みが好きです」
　　　「いいえ、夏休みは好きではありません」

④続いてなぜそう思うのか理由を述べる。（3秒以上の間をあけないようにする）
　例：「なぜなら、おじいちゃんおばあちゃんに会えるからです。」
　　　「なぜなら宿題がいっぱいあるからです。」

　低学年は1つ、中学年では2つ、高学年では3つのように年齢や経験によって言わないといけない理由の数を増やす。

　理由が2つ以上あるときは初めにその数を言わせる。
「理由は2つあります。1つ目は・・・・。2つ目は・・・・」

⑤質問者と回答者が入れ替わる。質問者はなるべく間を空けずに質問する。質問は前の回答と関連がなくてもよい。

⑥質問者と回答者が入れ替わりながら2分でなるべくたくさんの問答ができるようにする。

■ 指導のポイント

・始める前に、「自分で決断をしないといけないのはどんな時？」といった問いかけをし、「どちらでもいい」ではなく、「はい」か「いいえ」を自己決定する意義について考えさせましょう。
・その上で「3秒以内」に答える、「3秒以内」に理由を言う、「3秒以内」に次の質問をするという目標をはっきり提示してください。
・質問がしにくいようなら、先生がいくつか例を示すか、動物や食べ物などの身近なものにテーマを絞るなど工夫をしてください。
・振り返りの時間などを通して、どのような理由で共感できたか、納得できたか、逆に、その理由はなんだか腑に落ちないといったものをあげるなどの活動を通して、徐々に「筋の通った、相手を説得できる理由」がどのようなものかも子どもたちに気づかせるようにしましょう。
・短時間でできるゲームなのでペアの相手を替えたり、条件や話題を替えたりして繰り返しチャレンジさせるようにしましょう。

■ 合格ラインのモデル

例1　A：「あなたは宿題が好きですか。」B：「はい、私は宿題が好きです。理由は3つあります。1つ目は宿題をするとお母さんにほめられるからです。2つ目は宿題をすると勉強がよくできるようになるからです。3つ目は勉強をする習慣がつくからです。」
例2　A：「あなたはなわとびが好きですか。」B：「はい、私はなわとびが好きです。理由は3つあります。1つ目はなわをとぶと気持ちがいいからです。2つ目は練習すると二重とびなどができるようになるからです。3つ目は体が鍛えられるからです。」

■ ジャッジ

・3秒以内で答えられていること。
・理由をわかりやすく説明できること。
・理由の筋が通っていること。
・理由の数を増やした場合ナンバリングもできていること。
・お互いの会話をていねいに聞く姿勢ができていること。
（笑顔やうなずきなど非言語の部分でも）

■ 応用・発展

　前述のように、理由の数を増やしていくと高学年でも十分楽しめるゲームとなるでしょう。また制限時間を設けず、途切れることなくどれだけ長く問答を続けることができるかを競うという遊び方もあります。同じ質問に対して最も説得力のある「理由」を競うのもよいでしょう。

論理　対話　低学年

13 どんなものジェスチャーゲーム

育てたい力
文を作る力

■ねらい

　名詞とは何か、また、その名詞をどんな言葉で修飾するか、ということを遊びの中でたくさん経験することが目的です。ペアで協力して「どんな」と「もの」をくっつけて言葉遊びを楽しみます。その際に、想像力を使う楽しさを体験することもこのゲームの目的です。

　言葉がスムーズにでるようになったら、ジェスチャーをつけて、表現を楽しみましょう。

■やり方

「どんな・もの」ゲーム
●時間　30秒×2
①ペアを作る。
②「どんな」の役割と、「もの」の役割を決める。
③2人で協力して「どんな」「もの」をくっつけて言います。
　ルールは、例えば「この世のあるものを作ること」、「迷わずにどんどん言うこと」と決めてどんどん言っていきます。
　「大きな－くま」「黒い－髪」「まるい－りんご」「甘い－ケーキ」
　制限時間の30秒まで、テンポよく進めることができるように工夫しましょう。
④30秒経ったら、ゲームを終えて、すぐに役割を交代します。

「どんな・ものジェスチャー」ゲーム
「もの」の役割の人が、「名詞」を言う際に、ジェスチャーをつける。
「かわいい－くま（かわいい感じのくまのジェスチャー）」
「怖い－くま（襲ってきそうな仕草の怖いくまのジェスチャー）」

形容詞
のんびりした

名詞
くま

ジェスチャー

■ 指導のポイント

・まず、言葉の働きを理解するための練習をみんなでしましょう。語彙を名詞と、それを修飾する言葉（形容詞・形容動詞など）に区別してインプットし、ゲームで使うことで定着していけるように進めてください。
・間をあけずに発語ができることを、まず目標に。難しい場合は、先生と子どもに役割を分けるなどして、事前に発語の練習をしましょう。
・「大きなくま・・・想像してみてね。どのくらいの大きさかな？何色？」などの声をかけて、想像力を使えるように促しましょう。

＜声を出すための工夫＞
・ペアの位置：近く　3つくらいの言葉作りをしたら「ストップ」といったん止める。
・お互いに2歩ずつ離れましょう。「続きをスタート。」
　このように、徐々にペアの距離を離していき、自然に大きな声を出せるように促す。
・「伝えたい」という気持ちがわき上がってきたら、指示がなくてもジェスチャーを自主的に使いはじめる児童もいるかもしれません。

■ 合格ラインのモデル

＜この世にあるもの＞
・のんびりした　→　くま　　　・忙しい　→　蜂
・お母さんに買ってもらった　→　ハンカチ
＜この世にないもの＞
・あたたかい　→　氷　　　・ポケットの中の　→　象
・空飛ぶ　→　先生　　　・青い　→　卵焼き

■ ジャッジ

・ペアで間を開けずにテンポよく「言葉作り」ができること。
・「どんな」の役割、「もの」の役割を正しく行えること。
・想像力を使って楽しめること。

■ 応用・発展

「この世にあるもの」というルールでゲームを楽しめるようになったら、今度は、「この世にないもの」バージョンをしてみましょう。
「白い－パンダ」「甘い－ピアノ」「固い－わたあめ」「三角の－太陽」など。
　意外な発想を楽しんでみましょう。

論理　対話　全学年

14 ○○でドラマ

育てたい力
文を作る力

■ねらい

グループで輪になり、与えられた語やシーンを使って、その場でお話を作っていくというゲームです。
・語彙を増やしたり、語彙の使い方を覚えたりする。
・想像力・アイデアの力を駆使してお話を作る。
・仲間と協力してお話を進める。
　「○○でドラマ」は、6種類あります。児童の力に合わせて試してみてください。
「ひらがなでドラマ」「漢字でドラマ」「名詞でドラマ」「数字でドラマ」「接続詞でドラマ」「シーンでドラマ」

■やり方

● 人数　4人以上
● 遊び方
　ビンゴシート(4×4)または、(5×5)に、グループみんなで文字または、言葉を書く。ビンゴの枠が埋まるたびに鉛筆で○をするかおはじきを置く。
　①4人以上でグループを作る。
　②グループのメンバーが、それぞれの種類に合わせて「ひらがな」「漢字」「名詞」「数字」「接続詞」を一つずつ出し、ビンゴシートに書いて完成させる。
　③スタートの人を決めて、ビンゴシートを囲み、時計回りでお話を始める。
　　ビンゴシートの中の文字または言葉を、1人1つずつ使う。シートの枠内のもの(16個あるいは25個)全部が終わったら終了。
　※「シーン」の場合は、本書の巻末にあるお話絵カードを4～6枚ほど(①グループの人数分の枚数)を一列に並べて遊びます。

＜ひらがなでドラマ＞例
1・「あ」るところに、おじいさんとおばあさんが住んでいました。
2・ふたりは、「し」ょうじき者でした。
3・ところが、となりに住んでいる「け」―き屋さんの家族はみんなうそつきでした。
4・ある朝、ケーキ屋さんの子ども「が」、「が」っこうへ行く途中、財布が落ちていました。

＜漢字でドラマ＞例
1・「ある日のことです。一匹の『熊』が森の中を歩いていました。」『熊』という漢字を使ったので、その枠に○をするか、おはじき等を置く。
2・熊は、ふと『空』を見上げました。(『空』の枠にマーク。)
3・すると、どうでしょう。空には、なんと『机』が浮いているではありませんか。
4・よく見ると、その机の上には、『赤』い表紙の本が置かれていました。

＜数字でドラマ＞例
1・太郎くんは、犬を「3」匹飼っていました。
2・そして亀を「12」匹、メダカを「24」匹も大事に育てていました。
3・4月「29」日のことでした。
4・6時「51」分に、亀の水槽を見たとき、亀は「10」匹しかいませんでした。
5・驚いた太郎くんは、数を「5」回も数え直しましたが、「2」匹足りません。
＜シーンでドラマ＞例　巻末のお話絵カード24枚のうち、グループの人数分（4〜5人から始める）の枚数を選び、無作為にカードを並べてお話を作る。一枚目のお話にでてきた登場人物が、2枚目以降の主人公になります。また、24枚全部を広げておいて、作りながら選んで並べていく方法もあります。
（白雪姫）ある日、白雪姫はおばあさんからおいしいリンゴを沢山貰いました。（赤ずきん）白雪姫は、病気のおおかみさんにリンゴをあげました。（さるかに）さるとかににもあげました。するとリンゴの分け前のことで喧嘩になってしまいました。（かめとうさぎ）おいしいリンゴの噂を聞きつけた亀は、「ぼくも欲しい！」と言って白雪姫の家を目指して走っています。（ジャックと豆の木）その様子を見ていたジャックは‥

■指導のポイント

・ビンゴシートは4×4＝16個または、5×5＝25個のものを作成しておき、児童に自由に書いてもらうと、「既知の言葉（漢字）」を運用する練習ができます。また、新しい言葉を練習したい場合は、国語の教科書などからピックアップするのもよいでしょう。慣れるまでは、（3×3シート）（4×4シート）の使用をおすすめします。
・ビンゴシートは、各グループで作りますが、作ったシートを保管しておいて、何度もチャレンジしたり、他のグループで使ったりすることもできます。
・「1人1語」→「1人何語でも」など、ルールは、適宜、追加したり、減らしたりして児童の実態に合わせてください。

■合格ラインのモデル

「やり方」の「例」を参照

■ジャッジ

・よどみなく全部の言葉を使ってお話を作れたら大成功！
・話の筋道がずれてしまったり、止まってしまわないようにしましょう。

■応用・発展

・「ひらがな」「名詞」「数字」を混ぜる
・「名詞」に、「動詞や形容詞（形容動詞）」を混ぜる。
・「既知の言葉」に「新出語」を混ぜる。
・社会や理科の知識で得た言葉を混ぜる。
・「かたかな」を混ぜて、外来語を使用する。

4 コミュニケーションゲーム
低学年以上 | **情理**

自分のことを知ろう。
自分のことを知るってどんなことなんだろう。

そのためには、まず、友達のことを知ることだよ。
友達と向かい合って、友達をよく見て、友達のことばをよく聞くことだよ。
その子の好きなものはなんだろう？
いつもどんなことをしているんだろう。
おんなじものが好きなんだなあ。
違うものが好きなんだなあ。
素敵なところがあるんだなあ。
自分にはないなあ。

友達といろんな話をしていると、いろんな気持ちが起こってくるね。

どんどん人にぶつかって、「自分と一緒！」を楽しもう。
どんどん友達に聞いて、「へえ！」を見つけよう。
どんどん人と遊んで、「意外だ！」をおもしろがろう。
どんどん人と話して、「自分とは違う！」を驚こう。

そしたら、自分のこともちょっとずつわかってくるね。

友達の素敵なところを、一緒に探そう。
そして、自分の素敵なところも、一緒に探そう。

情理　独話　低学年

15 なりきり作文

育てたい力
文を作る力

■ねらい

　本当の自分でない誰かになって、こんなことができたら、あんなことができたらなどと想像するのは楽しいものです。このゲームでは決まった言い回しを使いながら、想像のお話を作っていきます。次の力を育てます。
①ほかの立場の人や物、動物になったらどのように行動するだろう、感じるだろうと想像する力。
②決められた型に合わせて柔軟に表現する力。

■やり方

- 人数　1人
- 時間　1ゲーム5分程度＋発表時間
- 遊び方
　型に合わせて自分以外の人物などになりきってお話を書き、発表する。

(低学年用)自分以外の誰か人になる。
①僕は・私は〜〜です。
②(いつ)〜〜をしました。
③そこで・・・・・・(最後に)・・・・・・

(中学年)人間でないものになっても良い。
①僕は・私は〜〜です。
②(いつ)〜〜をしました。
③そこで
④すると・・・・・・(最後に)・・・・・・

(高学年)　何になっても良い。
①僕は・私は〜〜です。
②(いつ)〜〜をしました。
③そこで
④すると
⑤ところが・・・・・・(最後に)・・・・・・

■ 指導のポイント

この本でいくつか紹介している「ほかの人、物になりきって」お話を考えるゲームのひとつです。発表の前に作文にしますので、落ち着いて考えたい子ども向きかもしれません。お話作りの入門的なゲームと言ってもいいかもしれません。慣れてくるとほかの「なりきりゲーム」のように即興でその場でお話が作れるようになるでしょう。また、作文ははっきりとした声量で読まないと伝わらないことも気づけるといいですね。

■ 合格ラインのモデル

例1：私は、うさぎです。先週の日曜日、川に行きました。そこで、魚を見つけました。最後に一緒になって泳ぎました。

例2：私は小学校2年の女の子です。今朝、はじめて月の表面を歩きました。そこでどんどん歩いていると不思議な洞穴を見つけました。怖かったけど、勇気を出して入ってみるとそれは不思議の国のアリスに出てくるような穴でした。私はどんどん落ちて行きました。（最後に）気がついたら、自分の部屋の布団の中にいました。

例3：僕は〇〇君の筆箱の中の小さな丸い消しゴムです。昨日、〇〇くんはうっかり僕を床に落としてしまいました。僕はとっても丸いからコロコロコロコロと教室の隅まで転がっていきました。そこでなんと去年からここの隅に落ちている別の消しゴムに出会いました。どうやら〇〇君のお兄ちゃんの消しゴムのようです。僕たちは探し出してもらえるか心配でずっと待っていました。すると子どもたちが一斉に机をどけてがたがたと動き始めました。どうやら僕を探すために協力してくれているようです。（最後に）めでたく2つの消しゴムとも見つけてもらい、持ち主のところに帰ることができました。

■ ジャッジ

楽しんで作文をしているか、お話として筋が通っているかをジャッジします。

情理　独話　低学年

16 30秒スピーチ（火で考える）

育てたい力
説得力

■ねらい

制限された時間のなかで、話し手はもちろん、聞き手も楽しめる話を考え、それをみんなにしっかり伝える話し方ができる力を養う。

繰り返し短いスピーチを練習することで、いずれもっと長いスピーチを多人数の前でも発表できる力がつく。

※石のスピーチの目標が、「論理的に話す」「客観的に事実を話す」であるのに対し、火のスピーチは、「情理に訴える」「人の心を動かす」ことにあり、「自分の心が動いた体験」を、言葉にして伝えることが目標です。この石と火の差を意識することも目的のひとつです。

■やり方

- 人数　1人
- 時間　30秒
- 用意するもの：名詞カード・タイマー

①お題カード（名詞カード）を引いて、カードに書かれた内容について30秒間話す。

②1番の人は30秒間考える時間をもらう、その後は、前の人が発表している時に、お題カードを引いて考えておく。そして、どんどん30秒スピーチをしていく。

③引いたカードに関しての、自分の体験を混ぜた火を考えてスピーチする。

「えんぴつをたくさん持っています」

「この間お母さんに、くまの絵のついた…」

❾の石のスピーチとの差を意識する。自分の心が動いた体験を言葉にして伝える事が目標。

■ 指導のポイント

・カードの内容に関して、自分の今までの体験の中で、嫌だったこと、うれしかったことを熱く語るように、例をあげて説明するとよい。
・低・中学年は、ただ単に〜が楽しいとか、〜したけど失敗したとか体験例をあげるとよいでしょう。
・高学年になると、色々な体験の中での感想に加えて、自分がその中で学んだことなど、スピーチの最後が、聞き手を納得させるものになるように導くのがよいでしょう。

■ 合格ラインのモデル

お題：えんぴつ

低・中学年・・私はえんぴつをたくさん持っています。好きなのがたくさんあります。この間お母さんに、くまの絵のついたのを買ってもらい、うれしかったです。今度は花の絵のついたのがほしいです。

高学年・・僕はえんぴつが大好きです。みんなは高学年になるとシャープペンシルを使う人が多いですが、えんぴつの方が字が美しく書けると思うのです。僕はこの間も、先生に字がきれいとほめられました。僕はいつも筆箱に８本くらいえんぴつを入れてます。これからもえんぴつ派でいきます。

■ ジャッジ

①30秒間止まることなく、またほぼ30秒という時間を守って話せたか。
②お題から離れた内容になっていないか。
③自分の体験を通しての話をみんなに熱く語ることができたか。
　また聞き手の興味をおこすことができる話し方ができたか。

■ 応用・発展

・中・低学年は30秒くらいでいいが、高学年になってくると30秒より時間を長くして取り組むのもよいのではないでしょうか。
・お題を全員同じものにして、その内容で一番人の心をひきつけたのは誰のスピーチかを、みんなで選ぶのもよいでしょう。

情理　独話　低学年

17 自己紹介ゲーム（好きな食べ物）

育てたい力
スピーチ力

■ねらい

自分の好きな食べ物を、なぜそれが好きなのかを聞き手にわかりやすく、情（自分の気持ち）の部分を含めてスピーチするゲームです。次の力を育てます。
①自分の好きな食べ物についてわかりやすく伝えようとする表現力、発表力。
②なぜその食べ物が好きなのかを聞き手の納得を得られるように伝える、説得力。
③お互いの好きな食べ物とその理由を聞こうとする力、コミュニケーション力。

■やり方

- 人数　1人
- 時間　考えをまとめて、記入…3分
  　　　発表…各自40秒
- 準備　ワークシートを用意する。

①好きな食べ物を考え、その理由をワークシートに記入する。
②自分の言いたいことをまとめる。
③制限時間に見合った過不足ないスピーチを発表する。
④聞き手は発表者のスピーチに耳を傾け、拍手をする。またなるほどと思ったスピーチを挙手で選ぶ。

【ワークシートの例】

私の好きな食べ物は「　　　　　　　　」です。

理由その1

理由その2

理由その3

（味、かおり（におい）、見た目、食べた感じはどうか、思い出）

◆本書P.170にワークシートがあります。

■ 指導のポイント

　自分の好きな食べ物について、深く考えるよい機会になります。そして自分のことをよく理解し、自己肯定感を持つきっかけにもなるでしょう。

①ワークシートの下部に(味、かおり(におい)、見た目、食べた感じはどうか、思い出など)とヒントになることを書いてありますが、それでも理由が見つけにくいようであれば、指導者自身の例を伝えることもよい。

②聞き手にわかりやすく伝えるために、はっきりとした声での発表をアドバイスすることも必要でしょう。

③個人的な感情、感覚を中心に、その食べ物にまつわる思い出なども入れると、聞き手は興味を持ってくれることに気付かせる。

■ 合格ラインのモデル

　私の好きな食べ物はバナナです。

①理由は味が甘くておいしいからです。おなかがすいていなくても１本ぐらいはすぐに食べられます。

②それとやわらかいからです。保育園の時に熱で寝ていた時にお母さんが「バナナだったら食べられる？」と言って食べさせてくれてバナナのおかげで元気になれました。やわらかくて元気がない時でも食べられるからです。

③それからバナナはねだんが安いです。スーパーに行ったときに確かめてみたらほかのくだものに比べて安いとおもいました。　だから私はバナナが大好きです。

■ ジャッジ

①好きな食べ物を、どれだけ好きなのかを熱く紹介できたか。
②聞き手にわかりやすく順に伝えられたか。
③制限時間の40秒の長さで過不足なく発表できたか。
④聞き手は発表者に興味を持って聞けていたか。共感を持てたか。

■ 応用・発展

　慣れてきたら、好きなもの(動物、野菜、教科、本など)についてのスピーチへの応用もできます。好きなもののジャンルを話し合って決めるのもよいでしょう。

　高学年なったら、ブックトークゲームや、トップセールスマンを目指せゲームにも発展出来ます。

情理 / 対話 / 低学年

18 質問じゃんけんゲーム

育てたい力
質問力

■ねらい

　いろいろな相手と出会いながらじゃんけんをして、1分間、勝った方が負けた方に質問するゲームです。ゲームを通じて、友達と対話するきっかけを作りましょう。
①友達とたくさん対話をすること。
②友達のことをもっと知ること。
③そして、自分のことも知ること。

■やり方

- 人数　全クラスでいろいろな人とペアになりながら行う。
- 時間　各ペア1分×ペア交代の回数
- 準備　ペア作り はじめは指導者がペアを決めてもよい。
　　　　自由に歩き回り、目が合った人とペアを作れるように促す。

①相手を見つけてじゃんけんをする。
②じゃんけんで勝った方が負けた方に質問する。
③負けた方は、質問に答えたら、次は質問をする。
④一回ずつ質問をしたら、「ありがとう！」と言ってハイタッチをして別れる。
　（慣れてきたら、質問の数を増やしても良い）
⑤また新しい相手を見つけて①〜④を繰り返す。
⑥時間内(3分を目安)に、何人の人と話せたか聞く。

- 質問例：

好きな教科は何ですか？
好きな食べ物は何ですか？
昨日の夜、何時に寝ましたか？
学校に来るまでに何かおもしろいものを見ましたか？
好きな動物は何ですか？

■ 指導のポイント

　どんどん自分から友達に話しかけることを楽しめるようになって欲しいですね。慣れるまでは、質問の内容を決めたり、みんなで練習したりしてから取りかかるのも良いでしょう。
　簡単な質問から、相手に合わせたより深い質問へ質問内容を工夫していきましょう。
「○○は好きですか？」「好きな○○は何ですか？」
「○○はできますか？」「○○は得意ですか？」「どんなことをするのが好きですか？」
「絵が上手いのは、いつも練習しているからですか？」
「ピアノは何歳から習っていますか？」

　ゲームの後に振り返りをすることで、より深みのある対話ゲームができるようになります。
(振り返りの例)
・好きか嫌いかはっきりしない質問には何と答えたらいいだろう。
・どんな質問が嬉しかったか。楽しかったか。おもしろかったか。
・質問に答えたあと、質問者のどんな反応が嬉しかったか。
・どんな答えがおもしろかったか。

■ 合格ラインのモデル

①定番の質問
「トマトは好きですか？」→「はい、好きです。」
「好きな食べ物はなんですか？」→「カレーです。」
「体育の時間は好きですか？」→「はい、大好きです。」
②相手に合わせた質問
「いつも漢字の練習をがんばっているのはどうしてですか？」

■ ジャッジ

①テンポよくどんどん質問できたか。
②テンポよくどんどん答えられたか。
③このゲームで友達のことを前より知ることができたか。

■ 応用・発展

・一つの質問でも、そのことに関して深めた質問や、関連質問を3つ繰り返すなどのルールを加えることで、質問力の強化に役立ちます。
・回答者が回答した後、一言付け加えるようにするというルールにすると、会話する力が伸びます。

情理 対話 低学年

19 なりきりインタビュー もの編

育てたい力
質問力、共感力

■ねらい

　このゲームでは身の回りにある「もの」や、なじみのある「もの」になりきってインタビューを受けます。インタビューをする人は、その「もの」になりきった相手のことを想像して、質問してみましょう。そしてインタビューを受ける人もその「もの」になりきり、気持ちを想像して答えます。このゲームでは次の力を育てます。
①ものになりきってその役割や気持ちを想像する力。
②相手（もの）に関心を持って質問する力。

■やり方

● 人数　2人
● 時間　1分目安
● 遊び方
①インタビューする人とインタビューされる人を決める。
②インタビューされる人が名詞カードの中から1枚をひき、「私は○○です」と言う。
③それを聞いて、インタビューする人が「もの」役の人にインタビューをする。
　例：「えんぴつさん、どんなときにうれしいですか？」
　※この時、必ずその「もの」の名前で呼びかける。
④インタビューされる人はその「もの」の気持ちを想像して答える。
⑤制限時間内続ける。

・慣れるまでは、インタビューが始まる前に準備時間を作ってもよいでしょう。質問をあらかじめ考えておくとスムーズに質問できるようになります。また、回答者も「そのものになりきる想像をする時間」がある方が答えやすくなります。
質問が難しいようなら、2人組ではなく、4～5人のグループで1人の「もの」役に対して複数が交代で質問をするという形から始めるのもよいでしょう。

■ 指導のポイント

　普段何気なく使っているものについて、その「もの」の視点に立ってみる経験をします。「自分が毎日使っている消しゴムの気持ちになってみましょう。」と言っても、それを難しいと感じる児童もいるでしょう。想像力を引き出すための言葉がけが有効です。

●言葉がけの例
　「消しゴムは、どこにある？」「目を閉じて想像してみましょう。体が小さくなっていきますよ。さあ、筆箱の中に入ってみましょう。」「暗いですか？明るいですか？」「狭いですか？近くに何がありますか？　何が見えますか？」「寒いですか？」「どんな気持ちですか？」「あなたは、毎日どんなことを感じたり、考えたりしていますか？」

■ 合格ラインのモデル

例：質問「えんぴつさん、どんな時にうれしいですか？」
　　答え「きれいにけずってもらったときです。」
　　質問「きれいにけずってもらうとどうしてうれしいのですか。」
　　答え「ぴんぴんになると、気持ちがいいからです。」
　　質問「悲しい時はどんなときですか。」
　　答え「忘れ物箱におかれて、持ち主がとりにきてくれないときです。」

■ ジャッジ

①お題の「もの」になりきれていたか。
②「もの」の気持ちを想像して答えているか。

■ 応用・発展

　身近なもの、教室にあるもので上手くできるようになったら、目の前にないもの、目に見えないもの（風、ピアノの音など）に挑戦するのもよいでしょう。

情理　対話　低学年

20 好きなもの10個聞き出そう！

育てたい力
質問力

■ ねらい

「この子はどんな人なのかな。何が好きかな〜？」とか、相手のことを考えて話す楽しさを見つけるための対話ゲームです。とにかく、いろいろな友達とどんどんゲームをして、以下のことに慣れていき、「相手」のことだけではなく、「自分」のことも発見していきましょう。
①話題を見つけること。
②話しかけること。
③友達のことを知ること。
④そして自分を知ること。

■ やり方

- 人数　2人（ペア）
- 時間　1ゲーム　3分
- 遊び方

①ペアでじゃんけんをして質問する人と答える人を決める。
②質問する人は「○○は好きですか？」と質問。
③答える人は「はい」「いいえ」だけで答える。「はい」の数を指を使って一緒に数える。
④10個の「はい」を聞き出せるまで質問を続ける。
⑤10個できたら、「イエイ！ありがとう！」と言ってハイタッチをしよう。

ピーマンは好きですか？
はい
カボチャは好きですか？
いいえ
うさぎは好きですか？
はい

10個の「はい」を聞き出せるまで続ける

何を聞こう　どきどき
何を聞かれるかな？　どきどき

■ 指導のポイント

　話したことのない相手に話しかけることを不安に感じる児童もいるでしょう。
「そういう時は、どきどきしちゃうよね。」と、その気持ちを受け止めた上で、「みんなで勇気を出して、どんどん質問しよう！」という動機付けをすることが有効です。
　また、勇気を出して、どんどん話しかけたことで、どんな良いことがあったかを振り返るのも良いでしょう。
　10個の質問がテンポよくでてこない場合は、予めメモを準備する、カードをひく、数を減らすなどの工夫で楽しいテンポを作ることができます。
　答える時に、好きか嫌いか、はっきりしなくて迷う児童には、「どちらかと言えば好き、嫌い、というふうに今日の気分でいいんだよ、また、次に変わってもかまないよ。」と助言してあげると気が楽になるかもしれません。

■ 合格ラインのモデル

＜初級＞
「ピーマンは好きですか？」「はい。」
「カボチャは好きですか？」「いいえ。」
「うさぎは好きですか？」「はい。」

＜上級＞慣れてきたら、理由も尋ねてみましょう。
「ライオンは好きですか？」「いいえ、好きではありません。」
「どうしてですか？」「怖いからです。」
「漢字を練習するのは好きですか？」「はい、好きです。」
「理由を教えてください。」「きれいに書けた時は、とても嬉しくなるからです。」

■ ジャッジ

①テンポよく質問ができること。
②テンポよく答えることができること。

■ 応用・発展

＜スペースウォーク・バージョン＞
ペアを決めずに同じ対話ゲームをする。
自由に歩き回り、近くにいる人に話しかけてゲームを開始する。
10個を5個に減らすなどして時間を調節する。
対話が終わったら「ありがとう！」と言って、ハイタッチをして去り、それぞれがまた次の相手を見つけるために歩く。

この発展ゲームでは、より能動性を育てます。

情理　対話　全学年

21 なりきり他己紹介

育てたい力
表現力
（身体・言語）

■ねらい

　ペアの相手の人のことを知るための質問をして、多くの情報を集め、その人になりきってその相手のことを自分のことのように他己紹介をします。
①質問力　どんな質問をすればいいか、考える。
②観察力　お友達になりきることで想像力や表現力が身に付きます。
人の話を聞く力をつける。
相手のことを知ろうとすることで仲良くなる。

■やり方

●ペアを作る。
●メモを用意する。
●互いにメモを取りながら質問をする。（1分ずつ）
●相手になりきって他己紹介をする。（40秒）
●聞いている人たちは、拍手をする。

慣れるまでは、質問例を予め用意しておき、取りかかり易くしてもよい。
低学年：好きな色・好きな教科・嫌いな食べ物・得意なこと
中学年：好きな歌手・好きなタレント、好きな言葉・大切にしている宝物
高学年：好きな歴史上の人物、行ってみたい都道府県・国、食べてみたいもの
　　　　大人になったらしてみたいこと、苦手なこと

取　材

■指導のポイント

相手のことをよく知りたいという気持ちを持ってインタビューする。
中学年からは質問のあとに理由をつけるように指示する。
単に質問した内容を言うだけでなく、その人になって演じるように声かけをする。

■合格ラインのモデル

　私の名前は花子です。好きな食べ物はケーキです。好きな動物はパンダで、好きな色は赤です。
　私の好きな歴史上の人物はキュリー夫人です。なぜかというと、苦労したあとに勉強して大きな発見をしたからです。

■ジャッジ

・どれだけその人になりきって紹介できたか。
・メモを見ずに言えたか。
・どれだけたくさん質問ができたか。

■応用・発展

　上の学年には自分たちで質問を考えさせても良いでしょう。
　高学年には、好きな小説、映画、音楽など、理由をたくさん説明しないといけない題材を与えて発展させる。

他己紹介

> 私の名前は花子です。好きな食べ物はケーキです。

情理　対話　低学年

22 私は木です

育てたい力
即興決断力

■ねらい

　子どもたちは日頃、無意識に正解を目指し、間違ってはいけない、自分の行動は○だったのか×だったのかを自己評価しています。これは、そのような自己検閲やダメ出しのない、心も体も自由でオープンな即興表現を楽しむゲームです。自分や友達が「木」や「動物」になって話すという非日常で何をやってもOKで、間違った答えのない場です。次の力を育てます。
①ありえないことをしてみることによる柔軟な対応力、コミュニケーション力・即興力。
②仲間と協力して表現をつないでいく場を楽しむ力。
③架空の設定の中で、何かに成りきり、安心して心と体を動かす力。

■やり方

●人数　5人程度
●時間　5分
①5人程度の班を作る。
②まず1人目の人（できれば打ち合わせなしで即興の順番で）が、前に出てきて、「私は木です。」と木のポーズをしたまま維持します。
③すぐに次の人が出てきて、「私は○○です。」とその木に関連した何かになってポーズを作ります。
④またすぐに次の人が出てきて、「私は△△です。」とその二人のポーズに関連した何かになってポーズを作ります。
⑤これを最後の人まで繰り返し、全員が参加したら1枚の絵が完成。
⑥最初に木になった人が、「△△を残します」と1人のポーズだけ残し、他の4人は解散します。
⑦残った△△が、「私は△△です。」から始まり、③～⑥までを時間まで繰り返します。

■指導のポイント

①ありのままの自分を受け止めてもらう安心感を持てるように配慮する。そのためにはユニークなアイデアを過度にほめたりしない。また、もじもじ固まっている児童を無理やり参加させるのでなくその存在も大事にする。
②「答えが決まっていない」のでどんな表現もＯＫ！妄想もＯＫ！ということを、体験を通して感じてもらう。
③架空の設定で「成りきる」ことの楽しさ、安心した気持ちでのチャレンジの場を感じてほしい。

■合格ラインのモデル

① 「私は木です。」
② 「私はその木になっているリンゴです。」
③ 「私はそのリンゴを眺めている犬です。」
④ 「私はそこを通りかかったおじいさんです。」
⑤ 「私はそのおじいさんのつえです。」
⑥ 「犬を残します。」（犬以外は解散します）
⑦ 「私は犬です。」制限時間まで②〜⑥までを繰り返します

■ジャッジ

①全員が安心して自分を表現出来ていたか。
②心が動く場面が見られたか。
③アイデアを出すことや、チャレンジすることを楽しんでいるかどうか。
④全員がお互いを受け入れ、認め合っていたか。

■応用・発展

・「私は木です」からでなく、自由な発想で最初のポーズを決めてもよい。
・全員がポーズをして入ったらその絵にタイトルをつけるのも楽しい。
・その班の人以外の人がポーズの人にタッチして、一言セリフを言ってもらうのも面白い。
　　「うまそうだな。」（リンゴをながめている犬）
　　「私をわすれないでー。」（おじいさんのつえ）　など

情理 | 対話 | 低学年

23 見て！

育てたい力：即興決断力

■ねらい

みんなで協力しながら、会話をつないで、ひとつのシーンを作るゲームです。このゲームが成立するためには一緒に想像し、相手の言ったことに柔軟に寄り添い、自分のアイデアを加え、みんなで創りあげることを楽しむことが必要です。
①とにかく何かを、すぐに発話する練習
②想像の世界を共有するため、目線、感情をお友達とそろえること
③たとえ予想外の展開になっても、すぐに寄り添い会話をつなぐ即興力

■やり方

- 人数　各班4〜5人
- 時間　1ゲーム2分程度

①4〜5人グループになる。
②発話する順番を決める。
③一番目になった人が「見て！」から始まる言葉を発する。「見て！○○がいる」と架空のものを指さしながら目線をつけていう。
④二番目の人はその目線の先を見て、一言（1フレーズ）付け加える。（前の人の想像に沿った言葉。）
⑤三番目の人以降も同じようにする。

「見て！」→「雪が降ってきた」→「寒いね」→「マフラーをすれば暖かいよ」→「マフラーをして雪だるまを作ろう！」

■ 指導のポイント

「想像をする」「何を言うかを決断する」「発話する」これらの一連の事柄を、即時にすることは、易しいことではありませんが、練習をしていきましょう。

慣れるまでは、「見て！」に続く言葉を事前にみんなで練習してみるのも良いでしょう。

・「見て！恐竜だ！」いっせいに皆が、示された方向を見て、口々に何かを言う。
・「見て！木の上にパンダがいる！」「あ！ほんとだ！」「かわいい！」「僕も木にのぼりたい！」「危ないよ！」「大丈夫！」など。

とにかく一言だけでいいので、何かを言えることを、まず、目指しましょう。

慣れてきたら、お話を動かしていきましょう。
「見て！蟻が行進してる！」「わあ、なんか、だんだん色が変わってきたよ。」「ほんと〜〜だ！ピンクの蟻さんになってる！」「すごい！羽も生えてきたよ。」「うわ！蟻さんたちが空を飛んでる！」

■ 合格ラインのモデル

例1：「見て！雪が降ってきた。」→「寒いね。」→「でもマフラーをすれば暖かいよ。」
　　→「マフラーをして雪だるまを作りに行こう。」

例2：「見て！こんなところに白雪姫がいる！」→「ええ！すごい！会いたかった！」
　　→「白雪姫さん、王子さまを探しに行こう。」「たぶんあのお城にいますよ。」「一緒に行きましょう。」

■ ジャッジ

①間をあけずに発話をつなげることができたか。
②前の人が言ったことを否定せずに、柔軟に寄り添った発言ができたか。
③みんなで同じものを想像すること自体を楽しめたか。

■ 応用・発展

お話づくりに慣れてきたら、ジェスチャーや演技を付け足していきましょう。
また「見て！○○が〜〜〜している」とか「見て、○○が〜〜しようとしている」と対象物の様子を細かく描写すると、よりいきいきしたお話ができあがります。

情理 　対話 　低学年

24 宝物紹介ゲーム

育てたい力
プレゼン力

■ねらい

　目の前にある文房具や持ち物をさも「宝物」であるかのように見立てて紹介し合うゲームです。つまり「宝物のつもりごっこ」です。当然、本物の宝物ではないので、ある程度フィクションでお話を作っていくことになります。与えられた時間内にまわりの人を納得させられるように「宝物」の説明をする空想力と伝える力、説明する力を育てるのがねらいです。

　またそのお話を聞いた人はそれに関連した質問もします。ですから、質問力も育てていきます。

■やり方

- 人数　ペア、もしくは4～5人の班ごとに
- 時間　3分～
  　　　「宝物」を決めて考える時間　1分
  　　　「宝物」を紹介する時間　1人1分
- 遊び方

① 「宝物」に見立てるものをひとつ選ぶ。
② 宝物を紹介する。なぜ宝物なのかその理由を述べる。
　「僕の、私の宝物はこの○○です。なぜかというと○○だからです。
　　聞きたいことはありますか？」
③ 関連のある質問を受けて、それに答える。

※最初は理由を1つだけ言う。慣れてきたら、理由を2つ、3つと増やす。

■ 指導のポイント

　本当は「宝物」ではないものをいかに「宝物」らしく演技し、その素晴らしさを表現できるかによって学習効果が変わってきます。先生も率先して「そのつもりになりきる」お手本を示していただけたらと思います。先生のお手本が本当に大事になってきます。

　はじめのうちはあまり乗り気でなかったり、楽しそうでなかったりするかもしれませんが、繰り返していくと空想力が育っていきます。思いがけない「宝物」の世界を皆で楽しんでほしいと思います。

■ 合格ラインのモデル

例1：「私の宝物はこの消しゴムです。なぜかというと、字だけでなく、いろいろな失敗も消してくれるからです。何か聞きたいことはありますか？」
　　　「僕の失敗も消してくれますか？」
　　　「はい、消せます。必要な時には貸し出します。」

例2：「僕の宝物はこのノートです。なぜなら、これは食べられるノートだからです。何か聞きたいことがありますか？」
　　　「どんな味ですか？」
　　　「イチゴ味です。」

■ ジャッジ

　説明に一貫性があること、質問に関連性があることでジャッジします。

情理　対話　低学年

25 サイコロ数字ストーリー

育てたい力
即興決断力

■ねらい

　サイコロを振って、出た目の数をお話の中に入れてストーリーを作るゲームです。
　「何が正解なのか」とか「こんなことはありえないのではないか」とか、そのような気持ちにとらわれることなく、どのようなお話もお互いに受け入れながら、共に楽しむことがねらいです。
　サイコロの目の数がきっかけを作ってくれるので、なかなか発言しにくい子どもでもお話作りに入りやすくなります。

■やり方

- 人数　2人もしくは4～5人のグループでも可
- 時間　1ゲーム　1～2分
- 準備　サイコロ　ペアの数、もしくはチームの数
- 遊び方

①2人組になる。
②「私は昨日デパートに行きました。」の出だしで始める。
③じゃんけんで買った方から、出た目の数を入れたお話を作っていく。
④制限時間まで続ける。

※慣れてきたら、出だしを「昔々あるところに・・・・」に変えることもできます。

■ 指導のポイント

　お話づくりを楽しむことが最大の目的なので、どのようなお話になろうとも否定しないということをはじめに全員の約束として確かめておきましょう。
　デパートではいろいろなものが購入できますので、「1本」「1台」「1枚」などの数える時の言い方を勉強する機会にもなるでしょう。
　先生自身もどのようなものが出てくるかを楽しむ気持ちでアドバイスをしていただけると子どもたちものびやかに発言するようになるでしょう。

■ 合格ラインのモデル

例1：「私は昨日デパートに行きました。」→「パンを1個買いました。」→「靴下を6足買いました。」→「ねぎを4本買いました。」・・・・

例2：「昔々あるところに・・・」→「1頭のクマがいました。」→「そのクマには友達のクマが6頭いました。名前は・・・・です。」→「ある日、みんなで散歩に出かけると4本の橋のかかった川のところに来ました。」・・・・

※「昔々あるところに・・・」の場合は、場面展開に無理がないか、お話の場面が飛躍していないか、前後のつじつまが合っているかも合格の目安になってきます。

■ ジャッジ

　お互いのお話を尊重できているか、間をおかず、どんどんとお話を作っていけるかをジャッジします。

（パンを1個買いました）

出た目の数字を入れたお話　　制限時間まで続ける

えい！

情理　対話　全学年

26 あなたはクッションです

育てたい力
受容力

■ねらい

　例えば「あなたはクッションです。」といきなり言われたら、あなたならどうしますか？たいていの場合はとても驚き、この人は何を言っているのだろうと思うことでしょう。しかし、このゲームではにっこり笑って「はい、私はクッションです。」と受け入れなければなりません。たとえ全く想像もしてなかったものや、変だなあ、と思うものであっても、それを「面白いこと」と受け止められたら楽しいですね。
①受容すること
②発想を楽しむこと
③自己表現をすること

■やり方

●人数　2人
●時間制限は特に設けない。よい頃を見計らって時間で区切る。
＜初級＞「名詞」→「名詞」
①まずジャンケンなどでどちらが先か決める。
②Ａ：「あなたは、○○です。」とはっきりした声で伝える。
③Ｂ：「はい、私は(僕は)○○です。」とジェスチャーを加えて答える。
④交代で繰り返す。

例「犬」「ボール」「えんぴつ」「本」「ピアノ」「トマト」などの身近なものから、「ライオン」「石ころ」「雲」「学校」「新幹線」「音楽」「勇気」のような広がりのあるものなどや意外性のあるものなど、なんでも思いつくことをやってみましょう。

＜中級＞「名詞」→「形容(動)詞＋名詞」
＜上級＞「名詞」→「形容(動)詞＋名詞」＋「しかも・・・」
※ナンセンスな発想も歓迎する。

■ 指導のポイント

①どんどんテンポよく発話ができるように促します。
②受け取る側は、どんなものでもおもしろがって受け入れられるような声かけを。
③好ましくない発想や人を傷つけるような発想については注意を払う。
④なりきるジェスチャーは、特に大げさなものでなくてもよいので、まず、身体を動かすことをほめて励ますところから始める。

■ 合格ラインのモデル

＜初級＞
A「あなたは、黒板です。」
B「はい、私は黒板です。」両手で黒板のジェスチャーをする。
B「あなたは、空気です。」
A「はい、僕は、空気です。」ふわふわっと身体を動かすジェスチャーをする。
＜中級＞
A「あなたは、クッションです。」
B「はい。私は、ふわふわのクッションです。（ジェスチャー付き）」
B「あなたは、いもむしです。」
A「はい。僕は、青くてかわいいいもむしです。（ジェスチャー付き）」
＜上級＞
A「あなたは、トマトです。」
B「はい。わたしは、赤いトマトです。（ジェスチャー付き）しかも、超おいしいです。」
B「あなたは、ペンギンです。」
A「はい。僕は、みどり色のペンギンです。（ジェスチャー付き）しかも、飛べるペンギンです。」

■ ジャッジ

①先攻、後攻の2人がチームワークよく表現できていたか。
②A：間をあけずにスムーズに発話ができたか。
③B：提示されたものを楽しく受け入れ、自己表現ができていたか。

5 コミュニケーションゲーム
中学年以上 | 論理

「自分の頭で考える」ってどういうこと？
人から教えてもらったこと、って自分の頭で考えたことではないのかな。
本で読んだこと、って自分の頭で考えたことではないのかな。

そうじゃないとしたら、、、
自分の頭で考えたことなんて、全然ないんじゃないかな、って自信がなくなってしまう。

自分の頭で考えるって、難しい。
わからなくなってきた。
自分の考えってなに？

……………………………………

箱の中からの景色。
箱の中に入ってみて。
中は真っ暗。
でも、小さな丸い穴を開けて、そこから、のぞけば、外が見えるでしょ。箱の中の小さな穴から見たら、どんな景色が見えるかな？

あ、犬がやってきた。犬から見たら、自分はどんな風に見えるんだろう。
あ、友達がきた。こっちを見ている。友達から見たら、自分はどんな風に見えるんだろう。

今度は箱の外に出て、外から箱を見てみよう。

……………………………………

みんなと違うっていいこと？
みんなと違うほうがかっこいい？

どうして、そう思ったのか、思い出せる？
それは、自分の頭で決めたほうがかっこいいからかな。
それは、だれの頭で考えたことなんだろう。

みんなと一緒っていいこと？
みんなと一緒のほうが、安心できる？

どうしてそう思ったのか、思い出せる？
それは、みんなの頭で考えたほうが安心だからかな。

でも、みんなは、いったい、だれの頭で考えたんだろう。

| 論理 | 独話 | 中学年 |

27 無人島サバイバルゲーム

育てたい力：問題解決力

■ねらい

　普段から便利な生活が当たり前になっている子どもたちですが、その便利な生活を失ってしまったならどうするのか？サバイバルな状況を想像して、改めてそんな時に必要なものを考え、その理由をわかりやすく伝えるゲームです。
　次の力を育てます。
①物に対して、有用性を発見する力
②なぜその物が切実に必要なのかを、わかりやすく説明する力
③自分自身から見ての素晴らしさ、私たちから見て、などの視点でみる俯瞰力

■やり方

● 人数　1人
● 時間　1ゲーム　5分

　「あなたは、客として豪華客船に乗船し優雅な船旅をしています。ところがある日アクシデントが発生し大きな豪華客船が今まさに沈没しようとしています。あなたは沈む船から脱出しなければなりません。幸い近くの無人島には水と食べ物は十分にあるそうです。救助が来るまで生き延びなくてはなりません。あなたは脱出の際、3つのものだけを持ち出すことが出来ます。いったい何を3点持ち出しますか。またその理由をわかりやすく説明してください。」

　豪華客船にありそうな物を想定し、持ち出す3点を考え、その理由と共にワークシートに記入する…4分
　その物がいかに必要かを聞き手にわかりやすく説明するスピーチをする…1分
　発表後、なるほどそんな物が必要なのかと思った発表を選ぶ。
● 準備　ワークシートを用意する。

【ワークシートの例】

大変です豪華客船が沈没！脱出の時あなたは3点だけ持ち出しできます！

(　　　　　　　　)その理由1

(　　　　　　　　)その理由2

(　　　　　　　　)その理由3

◆本書P.170にワークシートがあります。

■ 指導のポイント

①豪華客船には、銃以外の物で常識的に考えられる物は何でもあることにします。導入として、豪華客船のイメージをつかんでもらえるように絵や写真などを示すのもよい。また、I（私が）の視点からの必要性→We（私たちが）の視点からの必要性、というように大きな視点もあることに気付いてほしい。

②３点を見つけることが難しい場合、それが無かった場合を仮定してみたり、他の物と比較してみたりなどにも気付けるように誘導する。

③生きるためのサバイバルであることを理解させたうえで、どんな物を選んでもいいんだと、安心して発言できる場作りにも気を配る必要がある。

■ 合格ラインのモデル

「私は次の３つを持ち出します。
１つ目はテントです。いつ助けがくるかわからないので住むところが必要だからです。
２つ目はナイフです。食べ物を切ったり、怖い動物と戦うこともできるからです。
３つ目は救急箱です。けがをしたらすぐに手当てをできるからです。」

「ライター」「マッチ」「ライト」「花火」「本」「えんぴつ」「シート」「毛布」「浮き輪」
想像しやすいように豪華客船のイメージをつかんでもらう。わかりやすく理由を説明できるものであればユニークなものでもOKとする。

■ ジャッジ

①持ち出すものの理由をわかりやすく説明できているか、なるほどと思わせたか。
②ナンバリングして３つの物、理由を挙げられたか。
③簡潔に説明できているか。
④ほかの人が気付かないようなユニークな視点を持っていても評価する。

■ 応用・発展

　サバイバル的に生きるために必要な物から、待っている間の生活の質のために必要な物とはっきり区別して考え合うという発展もよいでしょう。
　自由な発想、ユニークな発想の意外な物を発表してもらうのも楽しい。

【参考書籍】「小学校国語の学習ゲーム集」（著　上條晴夫・菊池省三　学事出版刊）

論理　独話　中学年

28 おすすめスピーチ 童話編

育てたい力
視点を見つける力

■ねらい

　子どもたちは幼い頃からいろいろな昔話になじんでいますね。桃太郎、浦島太郎、かちかち山、かぐや姫、一寸法師、鶴の恩返し、かさじぞう、さるかに合戦など日本の昔話もあれば、白雪姫、シンデレラ、三匹の子豚などの世界の童話もあります。
　そのようなみんなが知っているお話にはいろいろな教訓が含まれています。そのような教訓を含めて、お話のおすすめのポイントをわかりやすく伝えることがねらいです。

■やり方

- 人数　1人
- 準備　お話絵カード(24枚)を用意する。(本書巻末資料)
- 時間　1ゲーム　3分

昔話カードを1枚ひき、おすすめのポイントを考える。(2分)
おすすめスピーチをする。(1分スピーチ)
聞いた人は感想を言う。(30秒)
(ペアで聞き合ったり、クラス全体で聞いたりしたあと、感想を言う時間を作ります。)

鶴の恩返し・桃太郎・金太郎・浦島太郎・はなさかじいさん・かぐや姫・かさじぞう・かちかち山・さるかに合戦・いなばの白ウサギ・一寸法師
シンデレラ・白雪姫・赤ずきん・北風と太陽・てぶくろ・おおきなかぶ・アラジンと魔法のランプ・ジャックと豆の木・親指姫・裸の王様・三匹の子豚・ウサギとカメ・アリとキリギリス

■ 指導のポイント

　子どもたちにとってなじみのあるお話を題材に選ぶと盛り上がるでしょう。
　また、知らないお話もあるかもしれません。人のおすすめスピーチを聞いて、その話に関心を持ち、本を読んでみたいなと思えたなら大成功です。あるいは、知らないお話のおすすめスピーチをするために、本を読んで準備するというようなことが起きても素敵ですね。

■ 合格ラインのモデル

・親指姫と一寸法師はよく似たところがあります。ぼくは、共通点を3つ見つけました。2つはこれから言いますが、3つ目は黙っておこうと思います。ぜひ、読んで、見つけてみてください。
・ジャックと豆の木のジャックは、ドキドキするところがおもしろいです。ドキドキする場面は3回ありました。読んだあとで考えたのですが、巨人の立場になってみたら、巨人はジャックにいきなり侵入されて、物を取られてちょっとかわいそうだな、と思いました。みなさんは、どう思いますか？

■ ジャッジ

①ポイントの論点がぼけないように、1点だけ、それがポイントだとわかるように話すこと。2点ある場合は、2点あることがわかるように、ナンバリングしながら話すこと。
②聞いている人が、そのお話に魅力を感じることができるようになることが話すための目的である、と自覚しながら話すこと。

■ 応用・発展

　2つのおすすめスピーチを聞いて、どちらのお話を読んでみたいか、聞いている人にジャッジをしてもらう。聞いている人が多数の場合は、多数決の数がジャッジになる。その際に、理由を述べてジャッジをするとより学べる。

論理　独話　中学年

29 再現スピーチ

育てたい力
聞く力

■ねらい

お互いのスピーチを聞きながら、大切なことをメモして、そのメモを読みながら、スピーチを再現するものです。人の話を頭の中で整理しながら聞くことができるようになります。また、次の力を育てます。
①メモをする力
②まとめる力
③伝える力

■やり方

●人数：3人×3分・・・9分
●時間　1ゲーム　3分
スピーチを読む・・・1分
再現する・・・1分
判定する・・・1分

①3人組を作り、スピーチ担当、メモ担当、審判(ジャッジ)を決める。
②スピーチ担当は、引いたカードを読む。
③メモ担当はスピーチを聞いて、メモを取る。
④メモ担当はメモをもとにスピーチを再現する。
　（審判とスピーチ担当は再現スピーチを元の原稿を見ながら聞く。審判は違いを発見したらメモを取る。）
⑤審判はそのままで、スピーチ担当とメモ担当が交代し、②〜④を行う。
⑥審判は、どちらの再現スピーチが正確だったか決める。
⑦役割を交代して同じことを行う。

スピーチ担当：「今から読むね。11月18日に…」
審判
メモ担当：「11月18日に…」

■ 指導のポイント

①スピーチをする
　聞く人にわかりやすいように、大きな声で、はっきりと伝えるようにする。
②メモをとる
　大事な要点は何かを判断しながらメモをとる。
③審判をする
　判定は必ず理由をつける。

■ 合格ラインのモデル

スピーチ担当：「今から読むね。11月18日に〇〇水族館にバスで遠足に行きます。集合時間は、小学校に午前7時30分です。遅れないように集合してください。」
審判：（メモ担当に）「メモはとれましたか？では、再現スピーチを始めてください。」
メモ担当：「じゃ言うね。11月18日に〇〇水族館にバスで遠足に行きます。集合は、小学校に午前7時30分です。遅れずに集合してください。」
スピーチ担当：「すごいね！ほとんど同じだったよ。」
審判：「ちょっとしか違いしかなかったよ。」
スピーチ担当：「ほんとに！どこが違ってた？」

■ ジャッジ

①スピーチのメモを正確にとることができたか。
②それを間違いなく再現できていたか。
③発表する時に、はっきりと分りやすく伝えることができたか。

■ 応用・発展

・慣れてきたら、スピーチの内容は子どもたちに考えさせてもよいでしょう。
　また、国語、算数の文章題、社会、理科の説明文などを使うのも意義があるでしょう。
・やりとりのうまいグループがあったら、全体の場でもやってもらいクラスのお手本にする。
・どうしたらうまくメモがとれるようになるか、お互い気づいた点を話しあう。
・メモを取らずにどれくらい再現スピーチができるか比較しても面白い。
・グループ対抗、個人勝ち抜き戦のような形にしても楽しい。

※スピーチの内容は、スピーカーが作文したもの、指導者が与えた文章など、題材はなんでも使えます。この本で紹介している様々なスピーチや対話のゲームを使うこともできます。題材によっては、スピーチ担当、メモ担当、審判の3人組をそれぞれ増やしてもよいでしょう。

論理　独話　中学年

30 べきべきスピーチ

育てたい力
視点を見つける力

■ねらい

「〜するべきだ(〜したほうがいい)」とか、「〜するべきではない(〜しないほうがいい)」という言い方を私たちは日頃よく使っています。

このゲームでは私たちが普段使っているものや動物などを題材にして「〜するべきだ。」とか「〜するべきではない。」という意見をすばやく言う練習をします。

次の力を育てます。
①名詞カードを見てそれを使って何ができるか、できないかを考える発想力
②そして、それは「するべきこと」なのか、「するべきではないこと」なのか自分の意見として決断する力
③その意見の理由をわかりやすく伝える力

■やり方

● 人数　1人
● 時間　1ゲーム　3分

名詞のカードをひく

そのカードのものを使って「〜すべきだ」もしくは、「〜するべきではない」という意見を言う。

30秒で何枚のカードについて意見を言えたかを数える。

たくさん言えた人の勝ち。(以上、3分)

最後に自分の一番気に入ったものをグループ内もしくはペアで発表し合うこともできる。

● 言い方は「○○は、(○○で)〜するべきです。なぜなら〜だからです。」
理由も言います。
● カード例：セミ、カエル、へび、猫、犬、魚、ライオン、ゾウ、ネズミ、電車、バス、タクシー、自転車、一輪車、納豆、カレーライス、卵焼き、給食、お弁当、コロッケ、たこ焼き
赤白帽、跳び箱、ボール、時計、習字道具、教科書、筆箱、消しゴム、ごみ箱、ほうき、ちりとり、ハンカチ、マーカー、学校、駅、レストラン
など

■指導のポイント

　スピードを競うゲームですが、しっかり理由が言えるようにすることを徹底しましょう。

　中には全部の名詞について「〜をいじめるべきではありません」とか「〜を壊すべきではありません」「残さず食べるべきです」「大事に使うべきです」のように言ってしまう子がいるかもしれません。発想力を育てるという意味では、同じ言い回しは３回しか使えないなどのルールを決めたほうがいいかもしれません。
・ユーモアのある理由でもよしとすると楽しくなります。

■合格ラインのモデル

例：「セミを取るべきではありません。なぜならセミの命は短いからです。」
　　「へびを嫌うべきではありません。
　　なぜなら日本では神の使いと信じられているからです。」
　　「魚はきれいに食べるべきです。なぜならもったいないからです。」
　　「ゴミ箱はきれいな色のものを買うべきです。
　　なぜならお部屋をきれいにしようという気持ちになるからです。」

■ジャッジ

①理由をきちんと言うことができたか。
②ありきたりでない、オリジナルの意見を言うことができたか？

■応用・発展

ペアで交互に意見を言い、ペア対抗ですることもできます。
名詞カードを引いてから考える時間を徐々に短くしていく。

論理 独話 中・高学年

31 じゃんけんスピーチ

育てたい力
文を作る力

■ ねらい

関連ゲーム　35・事実か意見かじゃんけんポン！
　　　　　　39・じゃんけん同時通訳

与えられた文章を判別するのではなく、自分で即座に文章を作ります。
　「グー」スピーチ：「事実」を表す単文ばかりでスピーチをする
　「パー」スピーチ：「意見」を表す単文ばかりでスピーチをする
２種類のスピーチで、事実と意見の判別の速度と、作文をする力を育てます。

■ やり方

●人数　スピーチをする人１人
　　　　事実か意見かを判定する人　はじめはクラス⇒チーム⇒ペア

●時間　１スピーチ30秒
●遊び方
「グースピーチ」
①先生またはクラス全員で、話をする名詞を決めます。（名詞カードを使ってもよい）
②スピーチをする人は、与えられた名詞について事実を表す文を言います。30秒の時間にできるだけ多くの単文をスピーチします。
③間違えて、「パー（意見）」を言ってしまったらアウト。

・聞いている人（ジャッジ）が、「パー」の文章を聞いた瞬間に、「パー」の手を上げて忠告をする、というルールにすると、聞く動機づけが強くなります。
・「パースピーチ」も同じ方法で、「意見」のスピーチをします。

■ 指導のポイント

　行き違いや誤解が生じる時は「事実」と「個人的な意見」が混同してしまっていて混乱がひどくなるということもありますね。ですから子どもたちにもぜひこの2つをきちんと区別できるようになってほしいものです。このテクニックはコミュニケーションを図る上で将来的にとても役立つことでしょう。ですから時間をかけ話題を変え、少しずつ慣れていき、身につけてほしいですね。慣れないうちは先生主導の元、クラス全体で一緒に考えますが、徐々に班活動、ペア活動へと進めていきましょう。

■ 合格ラインのモデル

例：川　　グー（事実）
・私は川の上流に行ったことがあります。
・川の上流には大きな岩がごろごろしている場所もあります。
・私は家族と一緒にそこでバーベキューをしました。
　　　　　　パー（意見）
・川の上流は（岩がごろごろしていて）歩きにくいです。
・川の水は水道水よりおいしいです。
・川辺でのバーベキューは楽しいです。
・一人では行くのは、ちょっと怖いです。

■ ジャッジ

意見と事実の区別ができているかをチェックします。区別できていたら合格です。

文章を言う人については、
①3つ文を言いましょう
②5つ文を言いましょう
③30秒で3個分を言いましょう　など、
数と時間を変えることで学年やレベルに合わせた基準を決めることができます。

■ 応用・発展

チョキとはひとつの文に事実と意見の両方はいっているもののことです。
以下にその例をあげます
1）単文で両方の要素が入っている。　　例）リンゴは赤くておいしいです。
2）複文で両方の要素が入っている。
例）山は夜暗いので（グー）、一人で行くのは怖いです（パー）。
例）みかんは水分が多いので（グー）、乾燥しているときに食べたくなります（パー）。
慣れてきたらこのようなチョキの文を作ることにも挑戦できるといいですね。

論理　独話　中・高学年

32 文句言わせて！

育てたい力
逆転思考

■ねらい

自分以外の人物、生物、無生物になりきって、文句をスピーチします。
「感情」と、その感情の「理由」を訴えます。
①あるものになりきることで、別の視点から物事を見ること
②あるものの気持ちを想像し、言葉にすること

■やり方

●時間：30秒目安
①自分で思いついたもの、もしくは名詞カードを引いて、あるものになりきる。
②「私は○○（もの）です。」と話し始める。
③「今日は、私の文句を聞いてください。」と言って、文句を言う。
④「次に生まれ変われるなら、〜〜〜になりたいです。」「○○には、こうして欲しいと思っています。」など、最後に希望をいれる。

■ 指導のポイント

・初めて取り組む時は、なりきるものの事を考えて、想像する時間をたっぷり取り、どんなことを感じているだろうかといくつかメモを書くのも良いでしょう。
・あるものの「気持ち」を感情を込めて表現すること、そして、その気持ちの原因をみんなにわかりやすく伝えることの2点に気をつけます。

■ 合格ラインのモデル

　私は小学校のプールです。今日は、私の文句を2つ聞いてください。1つ目は、使わない時期に私をほったらかしにしないで欲しいです。きちんと管理をしてくれないと、ボウフラが湧いてとっても悲しいです。2つ目はシャワーをしっかり浴びずに入ってくる子どもが多くて水が汚れて気持ち悪いです。次に生まれ変わるなら、汚れた水をきれいにする浄化機能付きのプールになりたいです。

■ ジャッジ

・感情を表現できているか（言語・非言語の表現）
・その原因をわかるように伝えられているか
・決められた時間内で話すことができているか

■ 応用・発展

・高学年では、スピーチの時間を長くする。
・「〜の主張」のように内容をどんどん掘り下げていって、クラス全体で1つの問題として考えるのも楽しいでしょう。
・班で1つのものになりきって、代表がスピーチして、班対抗で競うのも楽しいでしょう。

論理　独話　中・高学年

33 素晴らしさ発見スピーチ

育てたい力　**視点を見つける力**

■ねらい

　普段からその存在が当たり前と考えられているものについて、改めて素晴らしさや価値を発見し、わかりやすく伝えるゲームです。
　次の力を育てます。
①物に対して、その素晴らしさを発見する力
②物に対してそのルーツや色、形、香り、手触りなどの五感の感覚も使って想像してみる想像力
③自分自身から見ての素晴らしさ、私たちから見て、などの視点でみる俯瞰力

■やり方

● 人数　1人
● 時間　1ゲーム　5分
引いた名詞カードの素晴らしい点を3点発見しワークシートに記入する…4分
その物がいかに素晴らしいかのスピーチを発表する…1分
発表後、なるほどそんな視点もあるのかと思った発表を選ぶのもよい
● 準備　名詞カードを用意する。

①素晴らしい点を考える。
②〜〜の素晴らしさについて発表したいと思います。
　　僕は/私は、〜〜の素晴らしさを発見しました。
　　高学年は3つ、中学年は2つ。
③スピーチを聞いて、なるほど、そんな視点もあるのかと思った発表を選ぶ。

【ワークシートの例】

(　　　　　)の素晴らしさを発見！

素晴らしい理由1

素晴らしい理由2

素晴らしい理由3

◆本書P.171にワークシートがあります。

■ 指導のポイント

①導入として、I（自分が）の視点からの素晴らしい点→We（私たちが）の視点からの素晴らしい点、というように大きな視点でみられるように指導。
②カードに書かれている物の、その素晴らしい点（立派な点、優れている点、何かの役に立っている点など）を見つけることが難しい場合、それが無かった場合を仮定してみたり、他の物と比較してみたりなどの視点に気付けるように誘導する。
③物にはそれぞれその素晴らしさがあることの気づきが欲しい。
④他の人の発表を聞き、なるほどそんな発見もあるのかと思った発表を挙手で選び、たたえ合います。

■ 合格ラインのモデル

「私は手動のえんぴつ削りは素晴らしいと思います。
理由は３つあります。１つ目は、ぴんぴんになった時に、それ以上削らないで止まるからです。無駄に削らなくてすみます。２つ目は電気がなくても使えるからです。３つめは電動のえんぴつ削りよりも軽いからです。以上の理由から手動のえんぴつ削りは素晴らしいと思います。」
「ごはん」「たまご」「かさ」「ほうき」「砂」「けしゴム」「ものさし」「自転車」「えんぴつ」「学校」「海」「ミミズ」など身近で想像しやすいものから始めるとよい。

■ ジャッジ

①素晴らしい点と、その理由をわかりやすく説明出来ているか、なるほどと思わせたか。
②高学年は３つ、中学年は２つ、低学年は１つの理由を挙げられたか。
③簡潔に説明出来ているか。
④ほかの人が気付かないようなユニークな視点を持っていても評価する。

■ 応用・発展

　班やクラス全体で同じ物を提示して、複数の素晴らしい点を出し合うという発展もよいでしょう。
　中高学年では慣れてくると名詞カードへの提示例として、抽象的な名詞「音楽」「平和」「情報」「英語」「勇気」「うそ」などについて考え合うのもよいでしょう。

論理　対話　中学年

34 でもでもボクシング

育てたい力
受容力

■ねらい

　このゲームでは相手の言ったことを「そうですね。」と受け入れつつ、「でも、○○ですね。」と反論をしていきます。そのやり取りをテンポよくお互いに返すところが「ボクシング」みたいです。でも「ボクシング」のように相手を打ち負かすのが目的ではありません。ここで大切なのはいったん「そうですね」とその意見をやさしく受け止めることです。この「受容」のテクニックはコミュニケーションを取っていくうえで大切な姿勢だといえます。

　また、相手の発言の中に反論できる視点を探す訓練をします。「受容」しながらやんわりと反論するテクニックを身に付けるのがねらいです。

■やり方

- ●人数　2人(ペア)
- ●時間　1ゲーム1分
- ●遊び方

①2人組になります。
②出だしのコメントが与えられます。例：「大きな家に住みたいですね。」「算数の計算は難しいですね。」「絵を描くのは楽しいですね。」「公園でブランコをこぐのは楽しいですね。」「冬のマラソンは辛いですね。」など。
③それに対して相手の人が・・・「そうですね。でも・・・・」と反論します。必ず「そうですね。」といったん心を込めて受け入れます。
④そのコメントに対してもう一人が再び、「そうですね。でも・・・・」と続けます。
⑤制限時間まで続けます。
・出だしのコメントは、自由に決める、というルールにしてもよいでしょう。

まず「受容」　　やんわり「反論」

「大きな家に住みたいです」　「そうですね」　「でも、大きな家は掃除が大変そう」

■指導のポイント

　初めにクラス全体で必ず「そうですね」と受け入れるのだということを確認しましょう。慣れてきたら「そうですね」を言われた時と言われなかった時とでどのように感じ方が違うかを話し合ってみるのもいいでしょう。説得したり、反論したりするときには、話を聞いてもらう素地が必要ですね。「受容」がいかに大切であるかを子どもたちに体験を通して実感してもらいえる良いきっかけとなることを願っています。

　また、さほど深くないテーマでテンポよく、迷いなく反論することは楽しいですね。反論することもされることも案外楽しいものだ、悪いことではないということも学んでもらいたいことのひとつです。

　「そうですね。」は、受容の意味を表す他の言葉に言い換えるのも自然なコミュニケーションのためには必要なことです。どんな「受け入れことば」があるか、話し合ってから、使ってみるとよいでしょう。また、「そうですね。」を固定で使い続けながら、どうやって感情を込めた話し方ができるか試してみるのも面白いでしょう。

■合格ラインのモデル

例：「大きな家に住みたいですね」
　　「そうですね。でも大きな家は掃除が大変そうですね。」
　　「あ〜、ほんとですね。でも最近は掃除道具もいいものがあるので掃除も楽しいですよね。」
　　「そうですよね〜。でも良い掃除道具は高いですね。」
　　「そうなんですよね〜、でも安く買える方法もありますね。」
　　「なるほど！そうですね！でもネットで買うのはなんだか不安ですね。」
　　「はい、そうなんですよね。・・・・・・」

■ジャッジ

制限時間の１分の間に途切れず、黙り込まずに対話が続けられる。

■応用・発展

お互いの対戦に慣れてきたら、ジャッジをする練習をするのもいいでしょう。

ステップ１　代表２ペアのそれぞれの対戦を　クラスの他の子どもたち全員で見る。
　　　　　　どちらのペアのほうが途切れずに言えていたか？
　　　　　　どちらのペアのほうが発話がスムーズだったか？
　　　　　　どちらのペアのほうが反論にインパクトがあったか？
　　　　　　どちらのペアのほうが、受け入れ方が上手だったか？などを話し合って
　　　　　　ジャッジの仕方を勉強します。

ステップ２　３ペアずつに分かれます。
　　　　　　ペアＡ対ペアＢの対戦をペアＣがジャッジします。

論理　対話　中・高学年

35 事実か意見か じゃんけんポン！

育てたい力　視点を見つける力

■ねらい

　3つある、「事実か意見かじゃんけんポン」シリーズの1つです。先生が言われる文章が事実を述べているのか、それとも個人的な意見（感想）を述べているのかを考えて区別できるようになるのがねらいです。

関連ゲーム　　31・じゃんけんスピーチ
　　　　　　　39・じゃんけん同時通訳

■やり方

●人数　クラス全体で行うが、考える時は班で考える。
慣れてきたら徐々に考える時に人数を変える。
班で考える　⇒2人で考える　⇒1人で考える
●時間　1ゲーム1分程度
●遊び方
①先生が言う文章（単文）を聞く。
②班で事実か意見かを話し合う。
③「事実か意見かじゃんけんポン」という掛け声の後、話し合いの結果によって、班全員でグーかパーを出す。
　　グー：事実　　パー：意見　　チョキ：事実と意見の両方
④答えあわせをする。合っていたら　「イェーイ！」ハイタッチ
⑤たくさんの問題を出し、正解数を班で競うのも良い。
また、先生の出題する文章も学年が上がるとともに工夫する。
1）中学年　グー（事実）　パー（意見）　の2種類のみ
2）高学年　グー（事実）　パー（意見）　チョキ（混ざっている）の3種類。

事実「これはみかんです」

意見「みかんはおいしい」

事実と意見と両方「ビタミンCたっぷりで冬に食べるとおいしいです」

■ 指導のポイント

先生は１つの対象物について話すこと。

■ 合格ラインのモデル

例１）
グー（事実）
これはみかんです。
みかんは、木になる果実です。
みかんには、ビタミンＣが含まれています。
パー（意見）
みかんはおいしいです。
みかんはさっぱりしているので大好きです。
チョキ（事実と意見が混ざっている）
みかんには、水分が多く含まれているので（事実）、乾燥している時に食べるとおいしい（意見）です。

例２）
グー（事実）
山は地表が盛り上がってできた地形です。
山には動物や虫がたくさんいます。
山には木がたくさんあります。
日本で一番高い山は富士山です。
パー（意見）
山で遊んだ楽しい思い出があります。
山で食べるご飯はおいしいです。
山では気分がすっきりします。
私は山を見るのが好きです。

■ ジャッジ

事実と意見の区別ができていたら合格。

■ 応用・発展

慣れてきたら相談し合う人の人数を減らす。
（班で考える　⇒２人で考える　⇒１人で考える）
高学年では目に見えないもの（例：心、政治、勇気など）を扱ってもよい。
はじめは１つの対象物について、グー（事実）とパー（意見）を両方出していく。
発展として、名詞カードを１枚引いて、それについての文章を言う。次々と名詞カードを変えてもよい。教科書の文を選んでそれぞれグー（事実）かパー（意見）かを考えるのもよい活動となるでしょう。

論理 | 対話 | 中学年

36 ５Ｗ１Ｈ即興質問

育てたい力
質問力

■ねらい

　これは５Ｗ１Ｈ、すなわち「いつWhen」「どこでWhere」「誰が（誰と）Who」「何をWhat」「なぜWhy」「どのようにHow」を使った質問を即興でするゲームです。
　次の力を育てます。
① 「いつ」「どこで」などの出だしで適切な質問をする力
② とっさに質問を考えつく発想力
③ 答えやすい質問とは何かに対する気づき

■やり方

● 人数　６人
● 時間　１ゲーム１分
● 遊び方
① ６人組になる。
② ジャンケンをして順番を決める。１人が答える人、５人が質問する人になる。
③ 質問をする人は、５Ｗ１Ｈのカード（「いつ」「どこで」「誰が（誰と）」「何を」「なぜ」「どのように」）を裏返したまま引き、自分の前に置く。
④ スタートの合図で、カードをめくり、カードが示す出だしを使った質問をする。
⑤ その質問に答えてもらえたらカードを裏返す。答えられない質問をしたら、カードは裏返せない。
※ はじめは、ばらばらの質問でもよいが、慣れてきたら、前の質問に対する答えに関連する質問をする、というルールを追加しましょう。
　例：「この鉛筆はいつ買ったのですか？」
　　　「先週の日曜日です。」
　　　「なぜ、先週の日曜日に買ったのですか？」
　　　「誕生日だったからです。」
　　　「誕生日には何を食べましたか？」
　　　「ケーキを食べました。」・・・・・・

Ⓦhen　Ⓦhere　Ⓦho　Ⓦhat　Ⓦhy　Ⓗow

■ 指導のポイント

　慣れないうちはとっさに質問が思いつかない場合があるかもしれません。そのような時はクラス全体でアイデアを出し合う時間を設けたり、先にノートなどに書き出してみる時間を取ったりするなどの工夫が必要かもしれません。

　また、相手が答えやすい質問とはどのようなものか、気づかせるような活動と組み合わせて行うと混乱が少なくスムーズに活動できるでしょう。

　慣れてきたら、班ごとに「答えられた質問の数」を競い合うようにすることもできます。

■ 合格ラインのモデル

「いつ学校は始まりますか？」
「4月です。」
「どこでごはんを食べますか？」
「ダイニングです。」
「だれと一緒に遊びますか？」
「○○くんとです。」
「なぜ地球は丸いのですか？」
「・・・」
「どのようにして学校に来ますか？」
「歩いて来ます。」

■ ジャッジ

・「数」を競う場合は答えられる質問を多くした人(班)が勝ちです。
全般的には
・「いつ」「どこで」などを正しく使った質問をすることができていたかどうか
・考え込んだり、迷ったりすることなく質問や答えができていたかどうか
以上の点をジャッジします。

■ 応用・発展

・新聞記事や写真を取り上げて、それに関する質問にしてもよいでしょう。
　その場合、内容を確認する意味合いからメモをとりながら行うほうがよいでしょう。
・社会や理科、国語の既習事項をテーマにして、この質問ゲームをするのも楽しいでしょう。
・童話の登場人物や有名人に質問し、創作で答えるゲームもいいですね。
　「かぐや姫さん、あなたはなぜ月に帰ったのですか？」

論理　対話　中・高学年

37 隠し言葉当てゲーム

育てたい力
推察力

■ねらい

「はい、いいえで答えられる質問（クローズド・クエッション）」をしながら「対象物＝隠し言葉」が何であるかを当てるゲームです。例えば対象物（隠し言葉）が「犬」だとすると、「それは動物ですか」などの質問をします。さらにもっと特定していくような（例：「家で飼えるものですか？」）質問をする必要があります。このように「広い範囲、ジャンル、カテゴリー」に関する質問と「より狭く特徴を特定する」質問があることに気づき、それをうまく活用する力をつけるのがねらいです。

また、「はい、いいえ」で答えられる質問の仕方に慣れることももう一つのねらいです。

■やり方

- ●人数　質問チーム２〜３人、回答チーム　１〜２名
- ●時間　１ゲーム２分間
- ●準備　回答用紙とマジック（無くてもよい）
- ●遊び方

①質問チームと回答チームに分かれる。

②回答チームは隠す言葉を選び用紙に記入。
　（固有名詞などを使った隠し言葉は禁止。例：○○君の鉛筆など）
　質問チームはどのような質問をするか相談する。

③質問チームはイエス、ノーで答えられる質問をする。

・質問は10回以内で当てる。（慣れるまでは、10回と決めずに、当たるまでやってみるのもよい。）

・作戦タイムは３回以内ならＯＫ

■ 指導のポイント

　ゲームを始める前に「はい、いいえで答えられる質問」がどのようなものであるかを確認しておく必要があるでしょう。また前述の「大きなカテゴリーに関する質問」と「より小さなカテゴリーに特定していくための質問」などの説明も含めてクラス全体で一度一緒にやってみる必要があるでしょう。

　「対象物＝隠し言葉」は名詞に限定し、身近で想像しやすいものから始めましょう。また、大きさ、重さ、速さに関する質問は判断しにくい場合があるので「○○よりも・・・」と比べる対象を付け加えさせるなど工夫するように指導しましょう。さらに、質問が色に関するものばかりとか、形に関するものばかりに偏らないように、あらかじめ注意を与えておく必要があります。

■ 合格ラインのモデル

隠し言葉は「リンゴ」
質問1「それは、生き物ですか？」→いいえ、違います。
質問2「食べ物ですか？」→はい、そうです。
質問3「丸いものですか？」→はい、そうです。
質問4「果物ですか？」
質問5「青森で有名ですか？」
質問6「リンゴですか？」→当たり！

■ ジャッジ

①１０回以内で当てられたか。
②グループの全員がまんべんなく質問できたか。
③質問にバリエーションがあったか。
④チームワークよくできているか。
以上の点をジャッジします。
また、
最終の答えが、似たようなものなら正解としてもよい。
（例：　正解「野球ボール」　質問者の答え「ボール」など）
また、不正解であっても、正解にどれだけ近づいたかを考慮しましょう。
さらにほかの人が気づかないようなユニークな質問も評価したいですね。

■ 応用・発展

・慣れないうちはクラス全体でやる方がよいでしょう。やり方のコツをつかんでから班ごとでしましょう。
・国語の教科書から隠し言葉(名詞)を選ぶのもいいでしょう。
・高学年では抽象的な名詞「空気」「英語」「夢」などにチャレンジしてみましょう。

【参考書籍】「小学校国語の学習ゲーム集」（著　上條晴夫・菊池省三　学事出版刊）

論理 | 対話 | 中学年

38 ティピカル・ストーリー

育てたい力
文を作る力

■ねらい

　ティピカル・ストーリーカード(金型)にそって、グループでお話を作っていくゲームです。与えられたつなぎの言葉を使って、ひとり1文ずつ発話し、文をつなげて予想外のお話ができていく過程を楽しみます。
・グループの仲間の、アイデアを受け入れる気持ちを持つこと。
・わくわくするようなストーリーを作るために、話を発展させていくことを経験する。
　ストーリーを進めること、何かを起こすこと、展開させることは不安になることがあるが、勇気を出せば、「わくわく」が起きる、ということを知る。

■やり方

グループで輪になって活動します。適正人数は、4人～8人
グループごとに座ります。一つの物語を順番に話しながら作っていきます。
つなぎ言葉が書いてあるシートを見ながらそれに沿って一文ずつお話を続けていく。

【ワークシートの例】

①昔々あるところに

②毎日毎日

③ところが(そして)

④なぜなら

⑤そして

⑥そして最後に

⑦その日以来、○○は、～～～とさ。おしまい。

⑧みんなで「とっぴんぱらりの ぷぅ」と声を揃えて言って終わる。

◆本書P.171にワークシートがあります。

■ 指導のポイント

・1人、1文を話す。
・「そして」は、何度使ってもよい。
・他の人のアイデアが、自分の予測や望む方向と違っていても、予測が外れること自体を楽しめるように促す。

■ 合格ラインのモデル

①昔々、あるところに、女の子が森で1人で住んでいました。
②毎日毎日、その子は森の動物たちと遊んでいました。
③ところが、ある日、その森に嵐がやってきました。
④そして、住んでいた家が吹き飛ばされてしまいました。
⑤そして最後に、女の子は、森に住むことを諦め、町に住むことにしました。
⑥その日以来、動物たちも町に住むようになり、森には動物がいなくなってしまいましたとさ。おしまい。

■ ジャッジ

・グループ全員が協力して1つのお話を続けている意識をもっているか。
・みんなの意をくみながらお話を続けているか。
・金型に合わせるために無理なつなげ方をしていないか。

■ 応用・発展

・慣れてきたら、最初と最後のディスコースマーカー(注)だけを残し、自分たちでお話をつなげる。
・2組ごとで対戦にして、トーナメントにする。
・「円陣を○周したらきれいにお話が終わるように」と、回数の制限を設ける。

(注)ディスコースマーカー　Discourse Marker
　　「談話標識」と訳される。文と文の論理的関係を示す言葉。接続詞や副詞句など。

【参考書籍】「インプロゲーム」(著　絹川友梨　晩成書房刊)

論理 | 対話 | 中・高学年

39 じゃんけん同時通訳

育てたい力
論理的思考力

■ねらい

関連ゲーム　31・じゃんけんスピーチ
　　　　　　35・事実か意見かじゃんけんポン

　すでに人のスピーチを聞いてそれが事実か意見かを判断することができるようになり、さらに事実だけを述べる、あるいは意見だけを述べるといった練習も積んできました。
　次に、「事実だけを言おう」「意見だけを言おう」と意識せずに、まとまった文章を作文して発表し、自分の発表は事実が多いのか意見が多いのかなどの特徴を見つけるのがねらいです。

■やり方

●人数　3人
・スピーチをする人
・グーチョキパーなどを出す人(同時通訳)
・それが合っているか判断する人
●時間　スピーチ準備時間30秒から1分
　　　　1スピーチ 30秒目安
　　　　ふりかえり 2分(実態に合わせる)
●遊び方
①話し手はグー(事実)やパー(意見)を意識しないで自然に話す。
　「昨日の晩ご飯」「将来の夢」「最近気になること」「好きな動物」など、お題があるとスピーチがしやすくなります。スピーチを考える時間は、30秒から1分くらい、実態に合わせて設定する。
②同時通訳者　スピーカーの横に立ち、ひとつひとつの文章がグーなのか、パーなのかを判断して、同時通訳のように手でグーやパーを出す。
③ジャッジ　通訳する人の判断があっているかどうかをジャッジして、まちがっていたら「ブー」という。(他の言葉でも良い。クラスで決めましょう)
④3人で役割を交代する。
・それぞれの意味
グー：事実
パー：意見
チョキ：事実と意見の両方
・教科書の一節を音読して、それがどのような構成なのかを考えてみるのもよい。

■指導のポイント

・スピーカーは、できるだけ、短い文で、はっきりと話すようにしましょう。
  通訳者が通訳しやすいかどうか、速度は文の切れ目などを意識しながら話しましょう。
・通訳者は、通訳が追いつかなくなるかもしれません。そんな時は、あきらめて、次の文の通訳に集中しましょう。
・ジャッジ役は、耳と目をしっかり使って、即座に判断できるようにがんばりましょう。

＜ふりかえり＞
　スピーカーによって、また、テーマによって、事実が多かったり、意見が多かったり偏りがでることがあります。終了後に、ふりかえりをする時間があれば、それに気づくことが出来ます。

■合格ラインのモデル

「昨日の晩ご飯は、お鍋でした。」「グー」
「お母さんが、お鍋の後は、うどんにする？雑炊にする？とみんなに聞きました。」「グー」
「僕は、うどんが大好きです。」「パー」
「おねえちゃんは、魚がいい！と言いました。」「グー」
「僕は、絶対にうどんがいいなと思いました。」「パー」
「お母さんは、じゃんけんする？と聞きました。」「グー」
「僕は、じゃんけんだと負けるような気がしたので、あみだくじにしよう！と言いました。」「チョキ」

■ジャッジ

判断する人が意見と事実の区別ができているかをジャッジする人がチェックする。

■応用・発展

国語の教科書を使う。（社会・理科・算数の文章題でやってみて、気づいたことを話し合うのもよいでしょう。）
A：音読
B：同時通訳
C：ジャッジ
Cは、クラス全員でしてもよい。

6 コミュニケーションゲーム
中学年以上 | 情理

　人の心を動かす。

　人の心を動かすってなんだ？

　人ってどんな時に心が動くんだろう。

　そもそも、「心が動く」ってどんなことなんだろう。

　「悲しい」と思うこと。

　「楽しいな、もっとこうしていたいな」と思うこと。

　「うっそー！？」ってびっくりすること。

　「ああ、その気持ちすごくわかるなあ」と思うこと。

　「へえ、おもしろい！」と思うこと。

　「すごいなあ」と驚くこと。

　こんなふうに、心が何かを言おうとすること。

　心が何かを言おうとする。

　それ「ことば」にして、心の場所から身体の外に出してみよう。

　それを「ことば」にするってむずかしいことだね。

　でも、きっと「ことば」は見つかるよ。

　「ことば」にして、身体の外に出した「自分の心」は、やがて、

　「人の心」を動かすんだよ。

　やってみよう！

情理　対話　中学年

40 引用質問ゲーム

育てたい力
質問力

■ねらい

　しりとりと同じ要領で相手の言葉を引用して話をつなげていくゲームです。
　相手の話す内容をよく聞き、その中に出てくる単語を使いながら、どんどん質問をしていきます。次の力が育ちます。
①話を正確に聞き取ろうとする集中力
②会話を続かせるコツがわかるようになる
③会話の話題に困らなくなる

■やり方

● 人数　2人
● 時間　1分〜3分
①「しりとりと同じ要領で相手の話した言葉を引用して話します」とルールの説明をする。（引用はするが、トピックは変わってもよい）
②目標時間（1分間、3分間など）を決める。
③じゃんけんをして、どちらが先に始めるか決める。
例：「昨日スーパーは人でいっぱいだった。」
　　「スーパーにはよく行くの？」
　　「図書館にもよく行くよ。」
　　「図書館ではどんな本を借りるの？」
　　「僕は宇宙の本が好き」
　　「宇宙といえば、とっても大きいんだよね。」

（会話例）
「昨日**買い物**に行ったよ」
「何を**買った**の？」
「**お肉**を買ったよ」
「**お肉**が好きなの？」
「お肉は**お父さん**も好きだよ」
「**お父さん**は……」

■ 指導のポイント

①できるだけ最後の方にでてきた言葉を引用すると、より楽しく会話が続けられることを補足する。
②最初は時間を短くし、だんだん時間を増やしていく。
③主語・述語の形になっているかを意識して話す。

■ 合格ラインのモデル

「昨日買い物に行ったよ」
「買い物をして何を買ったの？」
「お肉を買ったよ」
「お肉が好きなの？」
「お肉はお父さんも好きだよ」
「お父さんは他に何が好きなの？」

■ ジャッジ

①どれだけ会話が途切れず続いたか。
②笑顔やうなずきなど非言語も取り入れていたか。
③会話をつなげやすい言葉をどれだけお互い投げかけたか。

■ 応用・発展

・しりとりが終わる「ん」にあたる言葉や態度について考えさせてみると、子どもたちの会話に対する意識がより深まっていく。
例：「知らない」「わからない」などの言葉や、無視、無言、相手を見ないなどの態度は負けにする。
・ルールは、適宜子どもたちのアイデアで増やしてもよい。
・最初の出だしの文章を決めておいて、チームによってどんな風に変わったかを発表させてもよい。

情理 対話 中学年

41 チャップリントーク

育てたい力
視点を見つける力

■ねらい

　このゲームの名前は喜劇王と呼ばれているチャーリー・チャップリンに由来しています。彼も即興力、スピーチ力を磨くのにお題をもらってすぐに話し始めるという練習をしていたそうです。
　ここでは次の力を育てます。
①与えられた題に関連したスピーチをその場ですぐにまとめて発表する力
②お互いのスピーチを聞き、共感を示しながら聞く姿勢

■やり方

- 人数　4〜5人の班
- 時間　1人発表20秒程度×人数
- 遊び方

①まずは先生が全体にお題を出す。例：今日のお菓子
②班の人はそれぞれ紙にその題に沿って連想する言葉を書く。
　例：プリン チョコレート ポテトチップス
③紙を班ごとに集めて混ぜ、それぞれが自分の書いたカードに当たらないように一枚ずつ引く。話し始めるまではその紙に書いてあることを見てはいけない。
④スピーチをする順番を決める。（即興の順番でもよい）
⑤自分がスピーチをする番になったら初めて紙に書いてある言葉を見る。そしてそれを見て3秒以内に話し始める。
　はじめは文をひとつだけ言う。話し始めは「私にとって〇〇とは、〜〜〜」や「私が考える〇〇とは、〜〜」とする。
⑥聞いている人は「ふ〜ん」「なるほど」などのあいづちをうつ。
⑦慣れてきたら、制限時間（20秒、30秒など）を設けてその時間内、話し続けることにする。また、スピーチに「理由」を付け加える。
⑧慣れてきたら、話が終わった時に班の他の人が質問をする。

■ 指導のポイント

　即興でスピーチをするゲームはこの本の中でもほかにも「３０秒スピーチ」などもありますが、このゲームは班単位でするのが特徴で、クラス全体の前でスピーチするのがまだ少し自信が無いという時にこちらからすることをおすすめします。

　話す内容はそのものの説明とか自分自身の思い出など何でもかまいません。ここではカードをめくったら「３秒以内」に話し始めるというところがポイントとなります。何でもよいから、とにかくスピーチする思いきりの良さをお互いに楽しむように声かけをしてください。

■ 合格ラインのモデル

「僕にとってプリンはうれしいおやつです。」
「僕にとってチョコレートはお祖母ちゃんを思い出すものです。」
「私にとってポテトチップスはスーパーで必ず買うものです。」
「僕にとって寿司は家族でいくものです。」

■ ジャッジ

　即興性を育てるゲームです。「３秒以内に」スピーチができたら合格です。
話す内容は何でもかまいません。また、もしも知らないものであれば予想して話してもかまいません。
　聞き手側のあいづちも大切な要素です。できているかどうかチェックしましょう。

■ 応用・発展

　慣れてきたら、１文だけではなく、３文言うなどスピーチを長くするとか、必ず「理由」を述べるなど、スピーチの条件を変えるといいでしょう。制限時間を設定してその間はずっと話すというふうにルールを変えると少し難しくなります。またスピーチの内容について聞いている人が質問をするとより深まりますね。
　お題のテーマを決めずに、自分たちでばらばらの名詞をカードに書くのも楽しいでしょう。

情理　対話　中学年

42 お茶の間リアクション

育てたい力
ユーモア力

■ねらい

　このゲームは、ユーモアあふれる寸劇を演じることで、会話力に必要な度胸力を身につけさせます。
　また、相手が言ったことに、言葉だけではなく表情や体、声なども使って反応しようという意欲が育ちます。

■やり方

- 人数 4〜5人グループ
- 遊び方
  ① 1か所だけセリフを空欄にした簡単なシナリオを知らせる。
  ② 空欄をグループで考える。
  ③ グループ内で役割を決めて練習する。
  ④ 時間が来たら順番に発表する。

シナリオ例
『テストの点が悪くって…』
母「お父さん、これ・・・」
父「何だ！この点数はっ！(怒)」
母「どうしてイキナリこんな点・・・・」
弟「弟として恥ずかしい」
子ども「ただいまーっ(何も知らないで帰ってくる)」
父「何なんだ！このテストの点数は！！」
子ども「〇〇〇〇〇〇」。

■ 指導のポイント

　リアクションの上手さを競うゲームですが、恥ずかしがらずに表現しようとする度胸力が少しでも見えた子どもを大いにほめます。グループ練習のときにも、そのような子どもを認めてあげることが大切です。
　練習時間は5分程度がいいでしょう。シナリオ以外のセリフを入れたいというグループには、ほかのグループの承認を得てOKであればよいこととします。

■ 合格ラインのモデル

　グループで行う楽しい寸劇ゲームです。リアクションの面白さを競うゲームでもあります。ですから、
　①役割を決めて楽しんでいたか
　②表情や体や声の工夫があったか
　③ユーモアのあるセリフだったか
を見ます。
空欄のセリフとしては、
「お父さんの子どもだもん」「それ、誰の？」「叱られたかったの」などといったものが参考モデルとして考えられます。

■ ジャッジ

　「合格ラインのモデル」で示した①②③が概ね達成できていれば合格とします。
　それ以外にも、「場の雰囲気が分かっているか」も、大きな判定基準になります。
　やり終わったあとに、「もっとやりたい！」といった声を出したり、そのような思いが見て取れる子どもがいたりしたら大いにほめます。

■ 応用・発展

　前もって、「爆笑リアクション大賞」「爆笑で賞」「イマイチで賞」「笑えたで賞」など、いろいろな賞を決めておき、みんなで楽しみます。子どもたちから募集するとより盛り上がります。
　また、各賞だけではなく、シナリオも子どもたちから募集することもおすすめです。コミュニケーションをみんなで楽しもうという学級の空気が出てきます。

情理　対話　中学年

43 どんな時？対話ゲーム

育てたい力
**因果関係を
たどる視点**

■ねらい

　私たちの気持ちは絶えず揺れ動いていますね。「やったー！」「あ〜、残念。」「もうドキドキする！！」確かに強い気持ちにつき動かされるのだけれど、その一瞬のできごとと気持ちの動きを言葉にすることは案外難しいですね。
　このゲームではあえて、その一瞬を切り取って言葉に置き換える練習をします。そうすることであいまいな気持ちの正体を見極めて、客観的に物事を見る力を育てたいものです。そしてそれは情緒の安定や、いさかいの正体を見抜く力の基礎となる力でもあります。

■やり方

- ●人数　2人(ペア)
- ●時間　1ゲーム2分程度
- ●遊び方

①2人組になります。
②「〜〜なのは、どんな時」という質問をする、答える。
③「〜〜なのは、こんな時」と答える。
④質問する人と答える人が入れ替わる。
※慣れるまでは、質問することが、次々にでてこないかもしれません。
　あらかじめカードを準備しておき、カードをめくりながら、行うとスムーズ。
　また、カードは、班やクラスでアイデアを出して作っておいてもよいでしょう。
＜例＞

- ・悲しい時
- ・わくわくする時
- ・嬉しい時
- ・くよくよする時
- ・へこむ時
- ・ぼけ〜っとする時
- ・腹が立つ時
- ・きらきらする時
- ・寂しい時
- ・せかせかする時

■指導のポイント

　まずは先生が出す「〜〜するのはどんな時？」という統一された質問にクラス全員でそれぞれ答えを言う練習をしましょう。答えることに慣れてきたら、「〜〜するのは、どんな時？」という形に合わせた質問を作る練習も一緒にしましょう。

　そのような下準備が整ったら、ペアで質問しあい、思い出や気持ちを分かち合いましょう。そして、振り返りの時間をとおして、それぞれの思いついたおもしろかった質問や答えをクラス全体で出し合うのもいいですね。

■合格ラインのモデル

例：「自分って天才！と思うのはどんな時？」「いい考えが浮かんだ時。」
　　「ワクワクするのはどんな時？」「遠足の前の日に明日のことを考える時。」
　　「タイムマシーンがほしいなと思うのはどんな時？」「昔の映画を見た時。」
　　「すっぱいものが食べたいと思うのはどんな時？」「甘いものをたくさん食べた時。」
　　「がっかりするのはどんな時？」「友達と遊ぶ約束をしていてダメになった時。」
　　「早くおうちに帰りたいと思うのはどんな時？」「寒い時。」

■ジャッジ

「〜〜なのは、どんな時」という形で質問ができているかどうか。
それに対して「〜〜な時」という形で答えられているかどうかをジャッジする。

■応用・発展

・なよなよする時
・へろへろする時
・くねくねする時
・くるくるする時
・がさがさする時
など、擬態語で遊ぶの楽しいですね。

情理　対話　中学年

44 おんなじおんなじ

育てたい力
共感力

■ねらい

　同じものが好きだったり、同じものが嫌いだったりして、共通点があると、人はその人と親近感が持てて、嬉しいなという気持ちになりますね。
　そういった「嬉しい〜」という体験をすることで、もっと相手のことを知りたい、自分のことも知ってもらいたいという気持ちを育てることができると思います。

■やり方

①ペアを作る
②お互いの共通の「好きなもの」を探す
③たくさん探せるように交代で質問をし合う「みかんは好きですか？」「好きです。」『おんなじ！』
④『おんなじ！』の数がそのペアの得点で、2人でたくさん得点を得られるように協力し合う。制限時間30秒。

※協力して数を数えながらやってみましょう。

「みかんは好きですか？」　「好きです」

『おんなじ！！』

交代で質問し合う
制限時間30秒

■指導のポイント

　同じものを探すためにどんな質問をしたらいいか、どんな聞き方をしたらいいか、話し合いましょう。
　また、相手に対してもっている印象や、既に得ている情報から、「こんなものが好きかな？」と推測できることに気づかせるように声を掛けてくださいね。
　最初は「好きなもの」バージョンでゲームを行い、次に「嫌いなもの」バージョンと共通項目のカテゴリーを変えていくとで、より深く相手のことを知ることができることも気づかせる。

■合格ラインのモデル

①好きなものバージョン
　「野球」、「ラーメン」、「ゲーム」、「テレビ」「友達とお話すること」、「給食の揚げパン」
②嫌いなものバージョン
　「わさび」、「ピーマン」、「算数プリント」など

■ジャッジ

基本的なジャッジとしては、
・30秒の制限時間内で、多くの共通点を見つけることができたペアが勝ち。
以下の点にも注意を払い、具体的にゲームが終わったあとに、「木村さんのペアは相手がはっきり聞こえるように、声のボリュームも大きかったし、ジェスチャーをつけていたのもよかったよ。」と工夫を全体に知らせて、だんだん上手にできるようになっていくようにする。
①相手のことを知ろうとする気持ちがあるか。
②自分で聞き方や質問の工夫を考えているか。
③ペアで協力しているか。

7 コミュニケーションゲーム
高学年 | 論理

どう思う？って聞かれると困ってしまう。
だって、なんて言ったらいいか、わからないもの。
変に思われたらどうしよう。
頭が悪いって思われたら恥ずかしいもん。
笑われたら悲しいもん。

自分の意見を言わなきゃいけない時って、、、
一体、どうしたらいいんだろう。
………………………

「あなたは、こっちを選ぶべきよ。」
「どうして？」
「だって、あっちはダメだから。」
「どうして、あっちはダメなの？」
「あっちはよくないに決まってるからでしょ。だから、こっちよ。」
「どうして、こっちじゃなきゃいけないの？」
「それは、こっちしかダメだからよ。」

んんん。これって、なんかおかしな対話だなあ。
どこが間違っているんだろう。
………………………
自分の考えの作り方
「本当にそうなのか？」って、もう一度、考えてみること。
「でも」と考えてみる。
「もし」って考えてみる。
「なぜなら」って、理由を考えてみて、また、「本当にそうなのか？」って考えてみる。

そして、それを、言葉にしてみる。
書いてみる。
人に話してみる。

『「自分の頭で考えたこと」かもしれないこと』は、人の脳みそや人の心の中を通って、また、戻ってきた時に、「自分の頭で考えたこと」になるんだよ。

え？それってどういうこと？

論理　独話　高学年

45 理由づけ字数制限スピーチ

育てたい力　文を作る力

■ねらい

　出されたテーマについて自分なりの理由を簡潔にまとめる力を育てるのがねらいです。このゲームでは字数制限もあるので、その字数に過不足なく理由を言えるかどうかを競います。同時に理由を述べるわけですから、ほかの人を説得できるかどうかもポイントです。このゲームでは次の力を育てます。
①立論し、説得する力
②字数に合わせて文章をまとめる力

■やり方

- 人数　1人
- 時間　1ゲーム　3分程度＋発表する時間（1人30秒×人数）
- 遊び方

①文字数20字の原稿用紙を準備する。　（→　原稿用紙例）
②テーマを与える。
③3分で原稿用紙に理由を書く。
④発表する。

- テーマ例：宿題はあったほうが良い
　　　　　　秋休みもあったほうが良い
　　　　　　夏には必ず海で泳ぐべきだ
　　　　　　バナナは遠足の「おやつ」ではない

＜原稿用紙例＞

■指導のポイント

　このゲームをみんなで楽しむためには理由を考えるのがおもしろいテーマを選ぶことが肝心です。クラスのみんなでテーマを考えるのも楽しそうですね。

　今回は字数をいかに２０字に近づけるかがひとつのポイントですが、漢字で書けるものなのにひらがなを使うとか、わざと句点を入れるとか、そのような「裏ワザ」がありなのか、なしなのかもゲームを始める前に確認しておくとよいでしょう。

■合格ラインのモデル

例：テーマ「宿題はあったほうが良い」
・勉強の習慣が自然と身につくからよい(17字)
・面倒くさいけど、終わったらすっきりする。(20字)
・せねばならぬことから逃げない態度を育てる(20字)
・習ったことを忘れないために必要だと思う。(20字)

■ジャッジ

20字にどれくらい近いかをジャッジします。
理由として説得力があるかもジャッジします。

論理

独話
対話

低学年
中学年
高学年

情理

独話
対話

低学年
中学年
高学年

論理　独話　高学年

46 トップセールスマンを目指せ

育てたい力　説得力

■ねらい

　みんなが知っているものをスピーチでおすすめするゲームです。いろいろなものをみんなに買ってもらえるように説明できるかを競います。分かりやすい言葉で、効果的な表現ができる力をつけることを目指します。次の力を育てます。
　①いろいろなものの特徴を観察する力
　②①の内容をまとめる力
　③まとめた内容を「おすすめポイント」として整理する力
　④分かりやすく発表する力

■やり方

- 人数　各班4〜5人　班対抗
- 時間　1ゲーム20分
　　　　おすすめポイントを考える…3分
　　　　班の意見をまとめる…10分
　　　　班ごとに発表　各班…1分
- 準備　セールスするものを決める（すべての班が同じものをセールスする）
　　　　ワークシートを用意する

①おすすめポイントを説明する。
②班ごとに発表する。
③いちばんグッときた発表を選ぶ。

【ワークシートの例】

（　　　　　　　　　）をセールスします。

おすすめポイント①

理由

おすすめポイント②

理由

おすすめポイント③

理由

うわばきのおすすめポイントは…

◆本書P.172にワークシートがあります。

■ 指導のポイント

どんな特徴があるか、セールスするものをよく観察すると、おすすめのポイントが分かってきます。

①おすすめポイントを説明する。

各自セールスするもののおすすめポイントと理由を考えます。班内で発表して話し合い、ワークシートをまとめます。

②班ごとに発表する。

セールスするものが近くにあれば、手に取って見せる工夫をします。

③いちばんグッときた発表を選ぶ。

各班の発表を聞き、いちばん欲しくなったもの（おいしそう、便利そうなど）を挙手で選び、たたえ合います。

■ 合格ラインのモデル

うわばきをセールスします。
おすすめポイント①　洗いやすい布でできている！
理由　よごしたって洗濯がかんたん！もうお母さんにおこられないぞ！
おすすめポイント②　ゴムバンドでぬぎはきしやすい！
理由　ちょっと太めの足でも、ソフトなゴムがやさしく包んでくれる。
おすすめポイント③　色がオシャレ！
理由　つま先の色は好きなものを選べます。カラフルでオシャレ！
セールスするもののキャッチフレーズ　このうわばきがあなたを幸せにします！

■ ジャッジ

①欲しい！と思わせたか。
②アピールするポイントを見つけられたか。
③分かりやすくグッとくる言葉で説明できたか。
④ナンバリング、ラベリングではっきり伝えられたか。

■ 応用・発展

セールスするものは身近なものがよいでしょう。教室にあるものやだれもが知っている商品、とくに食べものはとても盛り上がります。

セールスするもののダメな点（デメリット）を取り上げ、「だけどもっとすごいことがある！」というように、よい点を説明するのもよいでしょう。たとえば「デザインは1種類しかないけれど、色は選べる！」など高度なワザですが、効果的です。

ここで身につけた力を応用して、次のようなゲームに発展させることができます。
・ブックトークゲーム　－　おすすめの本を紹介する。
・おすすめの場所ゲーム　－　自分たちの校区内のおすすめの場所を紹介する。
・未来の職業ゲーム　－　自分がなりたい職業を理由をつけて説明する。

論理 独話 高学年

47 風が吹けば桶屋ゲーム

育てたい力
**因果関係を
たどる視点**

■ねらい

「風が吹けば桶屋がもうかる」というお話を聞いたことがありますか？風が吹いたら、目にチリが入り、目が見えない人たちが増えます。以前は目の不自由な方の職業として三味線を弾くというのがありました。三味線は実は猫の皮でできています。ですから三味線をたくさんつくると猫の数が減ります。猫に捕まることがなくなってネズミが増え、桶がかじられる。だから、桶屋がもうかるのです。

このようにあることが起こったことが原因で次のことが起こり…といった因果関係をたどる力と、その条件の整ったお話を作ることで発想力を育てます。

■やり方

- 一人で考える。
- 1ゲーム　30分

先生より「風が吹けば桶屋がもうかる」の話を聞く…5分
お題に沿ってお話を考える…10分
発表する…班の人に発表する…各自1分

- お題の例：雪が降れば、猫が喜ぶ
　　　　　　ヒマワリが咲けば、赤ちゃんが悲しむ
　　　　　　犬が歩けば、鬼が笑う
　　　　　　雨が止んだら、カエルが喜ぶ

■ 指導のポイント

　お題の最初(例：雪が降れば)からおしまい(例：猫が喜ぶ)の間のステップはいくつでも良いが、数が少ないほど簡単なので、状況に合わせてステップの数を決めましょう。
　６コマ漫画、４コマ漫画、３コマ漫画のように絵をかくと、発表がしやすくなります。

■ 合格ラインのモデル

雪が降れば「寒いのでみんながこたつに集まって、楽しくなるので」猫が喜びます。

雪が降れば「雪だるまを作りたくなります」
雪だるまを作れば「溶けた時に水たまりができます」
水たまりができたら「ぴちゃぴちゃと長靴で遊びたくなります」
水たまり遊びで調子に乗ると「長靴が濡れます」
濡れた長靴を干していると「お日様が反射してキラキラが壁に映って」
「それをみて」　猫が喜びます。

雪が降れば「庭の木に雪が積もります」
庭の木に雪が積もれば「きれいだなとじっと見ていたくなります。」
じっとしてくれていると「おひざに長いこと寝ていることができるので」
猫が喜びます。

■ ジャッジ

①原因と結果がきちんとつながっていたか。
②状況をわかりやすく伝えることができたか。
③順番を追ってわかりやすく話せたか。

■ 応用・発展

・同じお題から、複数の人(グループ)がお話を作り、比べ合うのも楽しい。
・慣れてきたら、お題を作り、問題を出し合うのも楽しいでしょう。

【参考書籍】「小学校国語の学習ゲーム集」(著　上條晴夫・菊池省三　学事出版刊)

論理　独話　高学年

48 これは良いニュースです

育てたい力
逆転思考力

■ねらい

　子どもたちが自分でニュースや情報を見つけ、そのニュースの二面性（複面性）を探し出し、考えたものを発表しあいます。ニュースや情報を収集する力に加え、物事には二面性（良い面、悪い面）があるのだという複眼的な思考力を育てます。次の力を育てます。
①ニュースや情報を収集する力
②複眼的に物事を見る力
③②の内容をまとめる力
④まとめたものをわかりやすい言葉で伝える力

■やり方

● 人数　1人
● 時間　1ゲーム20分
ニュース記事などから二面性のあると思う記事を選ぶ…5分
ワークシートに記事と、2つの面を考えそれをまとめ、メモする…13分
記事を紹介し、わかりやすく発表する…2分
● 準備　子ども新聞などの記事を用意する。
　　　　ワークシートを用意する。
①記事を紹介する。
②これは良いニュースです。なぜなら、、、だからです。
③これは悪いニュースでもあります。なぜなら、、、だからです。
④なるほど、そんな見方もあるのか、と思った発表を選ぶ。

【ワークシートの例】

(　　　　　　　　　　　　　)のニュースを紹介します。

良い面

　理由

悪い面

　理由

◆本書P.172にワークシートがあります。

■指導のポイント

①自分でニュースの情報を集める姿勢を育てることも大切なので、例は挙げるが素材は与えないで見守る。
②違う視点を持つことが目的なので、メジャーな意見ばかりでなく他の人が気付かないような意見を尊重する姿勢も育てる。
③論理的に筋が通っているのかを考え合う。
④他の人の発表を聞き、なるほどそんな見方もあるのかと思った発表を挙手で選び、たたえ合います。

■合格ラインのモデル

ニュースの紹介をします。
「昨日、電車内で小学生がお年寄りに席を譲っている光景がみられました」
○これは良いニュースです。
理由　足腰の弱いお年寄りが電車内で立ったままでいると、疲れて辛いだろうし危険なので、席を譲ることはいいことだからです。
○これは悪いニュースでもあります。
理由　見た目は年寄りに見えても自分では体力に自信がある老人は、足を鍛えるためにわざと立っている場合もあるので、席を譲られたくないからです。

■ジャッジ

①わかりやすく説明出来、なるほどと思わせたか。
②良い面と悪い面をわかりやすく説明できるニュースを選べたのか。
③良い面と悪い面共に、論理的に筋が通っているか。
④メジャーな意見でなくても、ほかの人が気が付かないような視点を持っていたか。

■応用・発展

同じニュースで、複数の意見を出し合うという発展もよいでしょう。
ニュースの例として「消費税が○パーセントになりました。」
「関東地方は夕方から雪となるでしょう。」
「小学校で、タブレットを使って授業をすることになりました。」
「小学校で、英語の授業が毎日行われることになりました。」

論理　対話　高学年

49 Why-Because ゲーム

育てたい力
**因果関係を
たどる視点**

■ねらい

　物事には必ず原因・理由が存在します。原因が結果を生み、その結果が次の結果を生む、という「原因→結果」の連鎖が存在します。その連鎖を、「なぜ？」と人に聞かれ、答えようとすることで、身近な事柄の中から体験的に見つけていく、ということがこのゲームの目的です。

　しかしながら、「なぜ？」という連続の質問も、尋ね方によっては相手に詰問するような場面を作ってしまい、相手を嫌な気持ちにさせてしまうことがあります。

　どのような尋ね方をすれば、相手を困らせたり、嫌な気持ちにさせたりせずに「連鎖の線を見つけていけるか」を考えながら尋ね方の工夫をすることも大切な目的です。

■やり方

- 人数　2人
- 時間　1分×2回
- やり方

①2人組を作りA役とB役を決める。(じゃんけんで勝った方がまずA役になる)

②まず、BはAが何を言ってもそのことについて「それはなぜですか。」ばかりの質問を続ける。会話が続かなくなったところで、会話をしながらどんなことを感じたかを話し合わせる。(いやな気持ち、答えにくくて困った気持ち等)

③今度は、「それはなぜですか」だけではなく以下の要領で、相槌を打ったり、「どうしてそう思ったの。」など、尋ね方や語尾も変えながら2分間会話をする。

A：テーマについて自分の意見を言う。
例：テーマ…好きなもの　「私はマラソンが好きです。」
B：その理由を質問する。　例：「それはなぜですか。」
A：質問に答える。　　　　例：「それは・・・・だからです。」
B：Aの答えを受け止めた上でさらに次の質問をする。
　　例：「マラソンは・・・なんですね。ではどうして・・・なのでしょう。」

> ＊受け止め方(共感)には2種類あります。
> 1）受け入れる(自分の体験がない場合)「なるほど。」「そうなのですね。」
> 2）自分の体験と一致させての共感　「ああ、わたしもそんな経験があります。」

④Bはどんなことに気をつけて質問したか、Aは質問されてどんな気持ちがしたかをお互いにシェアしてから、A役B役を交代してもう一度行う。

⑤Why-Because を何セットまで続けることができたか、確認し、協力して長く続けられたら喜ぶ。

■ 指導のポイント

　会話を長く続けるためには、相手が質問に答えられなくなったり、詰まったりしてしまわないように工夫する必要があります。そのためにはどんなことに気をつけたらよいかを考えさせます。同じ質問でも尋ね方や語尾、表情や声の抑揚などによっても相手への伝わり方が違ってくることなどにも自分たちで気がつくとよいですね。
　このゲームでは、『理由を聞く』ということに焦点を当てるので「なぜですか。」以外にも「どうしてそう思ったのですか。」「理由を教えてくれますか。」「どんな時にそう思いましたか。」など例をあげながら様々な理由の尋ね方を考えさせるとよいでしょう。そして、実際にやってみることでどんな聞き方をした時に相手がどんな風に感じるか、体験を通して気づきを深めさせましょう。

■ 合格ラインのモデル

Ａ：私はＴＶを見るのが好きです。
Ｂ：なぜＴＶを見るのが好きなのですか。
Ａ：ドラマやバラエティ番組が面白いからです。
Ｂ：ＴＶはおもしろいですよね。でもなぜＴＶってこんなに面白いのでしょう。
Ａ：それは、面白くって笑ってしまうからだと思います。
Ｂ：私もそうです。笑ってしまう理由って何だと思いますか。
Ａ：ＴＶを見ていると楽しい気持ちになってくるからです。
Ｂ：なるほど。

■ ジャッジ

・長い時間、多くのやり取りが出来ることがポイント。
→対話が続いている間に何個質問が出来たか。
・質問者：回答者が不快感を感じたらアウト
・回答者：質問に答えられなくなったり、詰まったらアウト。

| 論理 | 対話 | 高学年 |

50 その意見、ちょっと待った

育てたい力
反論力

■ねらい

相手の言った意見について、たとえ本心はその意見に反対でなくても、あえて「まてよ、その意見ちょっと待った！」と反論を考えて言い、その言われた意見に対してまた、「その意見ちょっと待った！」と反論を繰り返すゲームです。
ディベートゲームにつなげるために次の力を育てます。
①物事をあえて批判的に見ることによって育つ複眼的思考力、反論力
②考えた意見をわかりやすく伝える、説得力
③ただやみくもに反論するだけでなく、賛成と反対の両方の意見を聞く力

■やり方

- 人数　3人
- 時間　1ゲーム10分

指定された意見(論題)の賛成と反対双方の理由を考え、箇条書きにする…5分
Ａ：意見(論題)の内容を伝えその意見を支持する理由を発表する。
Ｂ：それに対する反論を発表する(第1反論)…1分
第1反論に対する反論を1分間考える…1分
Ａ：第1反論の内容と、それに対する反論を発表する(第2反論)…1分
第2反論に対する反論を1分間考える…1分
Ｂ：第2反論の内容と、それに対する反論を発表する(第3反論)…1分
第3反論までで、1ゲームとします。　Ｃは、どちらが優勢かをジャッジします。

- 準備　当たり前だと言われている意見(論題)を集め、プリントに用意する。
  指定の論題が決まったら、A,B,Cそれぞれの役割を決定します。(Cはジャッジ)

①ワークシートに論題を記入し、その意見に賛成、反対の理由を考え箇条書きにして書き出します。思いついたものは何でも書き出します。
②じゃんけんで先攻と後攻を決め、先攻から意見(論題)の内容と、それに対する反論(第1反論)を発表します。
③次に後攻はその第1反論を受けて、その内容と、それに対する反論を発表します。
④これを第3反論まで繰り返します。1ゲーム終わったら役割を交代します。

【ワークシートの例】

意見(論題)「　　　　　　　　　　　　　　　　」
賛成理由　　　　　　　　　　反対理由
・　　　　　　　　　　　　　・

・　　　　　　　　　　　　　・

◆本書P.173にワークシートがあります。

■ 指導のポイント

①なかなか反論を思いつかない場合は、その反論の立場に自分を当てはめてみて想像させるなども有効でしょう。
②ノートなどに箇条書きで書き出してみるなどもよいでしょう。
③ただ反論するのでなく、筋道が通っているかが大事なことも伝える。
④他の人の発表を聞き、なるほどそんな見方もあるのかと思った発表を挙手で選び、たたえ合います。

■ 合格ラインのモデル

A：「学校に遅刻をしてはいけません。」という意見を支持します。授業開始時刻は決められていて、その時間に生徒が全員揃っていないと先生が困るからです。

B：この意見に対してちょっと待った！の意見を言います。いつもの通学路が危険な場合、遠回りしても安全な道を通る方がいいからです。いつも通る道が工事中の場合など危険だった時は、遠回りしないといけない場合だってあるから、学校に遅刻をしてはいけませんという意見に反論します。

A：ちょっと待った！工事中などで危険とおっしゃいましたが、そのような情報は前もってわかることですし、遠回りする数分だけ早く家を出ればすむことなので、学校にはやはり遅刻をしてはいけません。

B：ちょっと待った！工事中の場合以外でも、困っている人がいたら助けてあげることは大切だと思うからです。登校途中に疲れきって道に座り込んでいるお年寄りを放っておけない場合だってあります。命の方が遅刻よりも大切だからです。

C：Bさんが優勢だと思います。なるほどという例がわかりやすくあげられていて納得させられました。

■ ジャッジ

①反論理由をわかりやすく説明出来て、なるほどと思わせたか。
②筋の通った反論理由だったか。
③3人がお互いの主張を丁寧に聞き合って、よいチームワークができていたか。
④なるほどの反論理由や例などをあげていた意見を拾い挙げてもらい評価する。

■ 応用・発展

・班やクラス全体で同じ論題で、複数の反論意見を出し合うという発展もよいでしょう。
・慣れてきたらディベート試合へと発展できます。
　論題の例として　「朝食を必ず食べてから登校しましょう。」
　「嘘をついてはいけません。」「人の迷惑になることはしてはいけません。」
　「掃除は毎日必ずするべきだ。」「小学生はシャープペンシルを使ってはいけません。」

論理 対話 高学年

51 よってたかって質問ゲーム

育てたい力
プレゼン力

■ねらい

質問力・掘り下げ力・チームワーク
相手のことに興味をもって、質問する。
間をあけずにどんどん質問をしたり、答えたりすることを楽しむ。

■やり方

①4、5人のグループを作る。1人が質問に答える。残りの人が質問をする。
　ルール：だれが質問を受ける役割で、だれが質問をする役割なのか、声を出したり、指示をしたりしないで決める。全員が立つ位置を自主的に動かし続けるとなんとなく決まっていくことを楽しむ。

②質問に答える人に対して、他のメンバーが順に質問をする。
　どんな質問でも良い。

③1人の回答者に対して、質問者全員が質問を終えたら、1クール終了。次に、2人目の回答者をルールに従って無言で決め、最後のクールまでテンポよく質問を行う。

④1周りすると終了。時間を計っておいて、2周目はもっと早くまわすことを目標にするのもよい。また、2チーム以上でどちらが先に全員が質問できたかを競うのも楽しい。

■ 指導のポイント

①質問者と回答者を無言で決めるルールは、難しければ、慣れてきてからでよいでしょう。

②質問を決められない、すぐに答えを決められない、という児童に対しては、予め質問の例をたくさん示すとか、「答えは、迷ったらとにかく頭に浮かんだことでいいんだよ。」のような言葉がけで励ますことが必要かもしれません。

■ 合格ラインのモデル

「夏休みはどこに行きましたか。」「海水浴に行きました。」
「どこに行きましたか。」「山口県です。」
「誰と行きましたか。」「家族と行きました。」
「何か面白い事件はありましたか。」「迷子になりました。」

■ ジャッジ

①質問者、回答者の順番を決めるルールを守っていること。
②テンポよく質問が飛び交っていること。
③高学年らしい話題の範囲の質問ができていること。

■ 応用・発展

発展ゲーム「よってたかって質問連鎖ゲーム」

質問の内容を、話題に関連した「掘り下げる質問」でなければならないとするゲーム。1人目の質問は自由。2人目以降の質問者は、前の人がした質問とその答えに関連する質問をする。より、回答者のことを深く知ることができて楽しい。

関連していない質問をしてしまったら、「失敗」として、おもしろがって、再度、やり直すことができればなお良い。

論理　対話　高学年

52 違うよ

育てたい力　文を作る力

■ねらい

　友達に「NO」を言えない、言ってはいけない、と思っている児童もいるでしょう。けれど、必要な時は、言えないといけないし、言うことは悪いことではない、ということを知ってほしいですね。でも、言い方に工夫はできます。そういうことについて、話し合い、遊びの中で経験するゲームです。

　このゲームの1つ目の目的は、「相手の言ったことを否定すること」です。

　「否定」の訓練、また、その時に、相手が不快な気持ちにならないような言い方を見つける訓練をします。

　2つ目に、「文章の構造」を使って、独自のアイデアで文章をどんどん作る訓練を目的としています。「だれ（なに）が」「なにを」「どうした」という定型の文章構造を繰り返し練習しながら、文章作りの経験をたくさんすること、また、想像力をふんだんに使って友達や自分のアイデアを楽しみましょう。

■やり方

- ●人数　ペア
- ●時間　1ゲーム　30秒
- ●準備　「だれ（なに）が」「なにを」「どうした。」という形に当てはめて文章を作ることを説明する。（慣れないうちは、文章作りの事前に練習をしましょう）

①ペアを作り、先に言う人（A）を決める。
②A：「お母さんが、バナナを食べます。」
③B：「違うよ。」「お母さんが、バナナを買います。」
　「違うよ。」と否定をしてすぐに、新しい文章を作って伝える。
④制限時間まで、交互にテンポよく続ける。
A：「違うよ。お母さんが、桃を買います。」
B：「違うよ。お母さんが、桃を洗います。」
A：「違うよ。おばあちゃんが、服を洗います。」
B：「違うよ。おたまじゃくしが、服を洗います。」
A：「違うよ。おたまじゃくしが、服を着ます。」

※文章の3つの部分のひとつずつを変化させます。
※慣れてきたらルールを変えてもかまいません。
※「違うよ。」というセリフは、否定を表す他の言葉に置き換えてもいいです。
　日常で使う地域の言葉で、いくつかの表現を確認しておくと発話しやすいでしょう。

■ 指導のポイント

①否定する言葉「違うよ。」を、どんな言い方で言うと相手が嫌な気持ちにならないか、振り返りをしましょう。言葉以外の要素についても気がつくように促します。
　「どんな気持ちがした？」「否定されたのに、嫌な気持ちがしなかったのは、なぜだろう？」「否定されても面白いなと思ったのは、なぜだろう？」
②文章の入れ替えがテンポ良くできるように練習をしましょう。
③自分の作った文章や、人の作った文章について想像力を働かせてみましょう。
④ゲームの振り返りをして、どんな文章がどんな風に変わっていったか、おさらいをしたり、はじめの文章と最後の文章だけを発表し合ったりするのも楽しいでしょう。

■ 合格ラインのモデル

A：「恐竜がサッカーをしています。」
B：「違うよ。スズメがサッカーをしています。」
A：「違うよ。スズメが野球を練習しています。」
B：「違うよ。スズメがピアノを練習しています。」
A：「違う、違う。先生がピアノを練習しています。」
B：「違うってば。先生がピアノを持ち上げています。」
A：「違うよ〜。先生が学校を持ち上げています。」

■ ジャッジ

①テンポよく文章を言えたか。
②「違うよ。」と言われた人が嫌な気持ちがしなかければ、否定の仕方は合格
　（受け取り方には個人差があるが、その個人差を基準に考える。）

8 コミュニケーションゲーム
高学年 | 情理

脳みそで遊ぼう。
え？脳みそで遊ぶってどんなこと？

色んな人になってみる。
色んな物になってみる。
つまり、脳みそを色んな場所に移動させて遊ぶんだよ。

そこから何が見えるのか、想像してみる。
そこから何が感じられるのか、心に聞いてみる。
心で感じたことを、「ことば」にしてみる。

「ことば」を使って生きることの基礎「思考」を学ぼう。
「ことば」って、おもしろい。
「ことば」って、不思議。
「ことば」って、怖い。
「ことば」って難しい。
「ことば」って、すごい！

「ことば」は、「心」を創る。
「ことば」は、人の人の関係を創る。
「ことば」は、人と物の関係を創る。
「ことば」は、人の「思考」を創る。

そして「心」は、人の人生を創り、「思考」は人生を切り拓くんだよ。

情理　独話　高学年

53 一人二役 問題発生スピーチ

育てたい力　スピーチ力

■ねらい

　このゲームは、落語のようにある会話場面を一人二役でリアルに再現し、その面白さを競い合うものです。聞き手を引き込んだスピーチができるようにします。
　ここでは、次の力を育てます。
①シチュエーションを考えて、具体的な内容をスピーチする力
②聞き手の共感を得るためのパフォーマンス力

■やり方

- 人数　4～5人グループ以上
- 時間　1人スピーチ2分以内 × 人数（2人以上）
- 遊び方

①2人のやりとりがある場面を考える。例：親子の会話（宿題忘れ）
②2人の会話場面を再現するスピーチを考える。
③みんなの前でスピーチをする。
　例「脱いだ靴下を表向きにしなさい」
　　「ちょっと待って、今テレビがいいところだから」
　　「すぐにしなさい。いつも言っているでしょ」
　　・・・・
④誰のスピーチがよかったか判定し合う。

■ 指導のポイント

　子どもたちは、母親から叱られた時のやりとりを考えることが多いようです。聞き手の共感を得やすいからと、まねしやすいからでしょう。慣れてきたら、店員とお客、警察官と犯人などのお題を出すといいでしょう。

　ついつい演技がエスカレートする子どもがいます。大きく逸脱しない限りは共に楽しむようにします。また、会話と会話の間に、「・・・と言いました」を連発する子どもがいます。極力省くようにさせるといいでしょう。

■ 合格ラインのモデル

「昨日も母親から叱られました。今から、その時の会話をします」
「脱いだ靴下を表向きにしなさい」
「ちょっと待って、今テレビのいいところだから」
「すぐにしなさい。いつも言っているでしょ」
「ちょっとぐらいいいでしょ」
「ちょっとなら、今したらいいでしょ」
「(小さな声で)うるさいなぁ」
「何ですって！？　もう一回言ってみなさい」
「・・・・・・」
「だいたい、あなたはいつも△○×・・・」

■ ジャッジ

　会話が、親子であれば５回ずつ程度続けば合格です。
　母親が話すときは、体を少し右に向けて、自分が話すときは体を少し左に向けて話すようなパフォーマンスがあると大きくほめます。
　声色を変えたり、身振り手振りの入れたりの工夫が見られたらモデルとして取り上げて参考にさせます。

■ 応用・発展

　前もって賞を決めておくとより盛り上がります。
　例えば、ユーモア賞、シリアスだったで賞、笑いを外したで賞などです。
　熱演し始める子どもが出てきます。
　教室の中が爆笑に包まれます。学級みんなで楽しもうという空気が出てきます。

| 情理 | 対話 | 高学年 |

54 なりきり対話　童話編

育てたい力
想像力

■ねらい

　いろいろな童話の登場人物や動物がある日、あるところで偶然出会いました。そこでどんな会話が始まるのでしょう？そのようなことを想像しながら、その主人公になりきって対話をするゲームです。次の力を育てます。
①それぞれの主人公の今までのいきさつ(話のあらすじ)に沿って主人公の心情を想像する力
②ナンセンスな想定も受け入れ、そのお話をうまくつなげる想像力
③相手の即興的なお話にも乗ってあげ、そのお話作りに合わせて的確に質問したり返事したりする対話力

■やり方

● 人数　2人(ペア)
● 時間　準備時間2分目安　対話時間1分
● 遊び方
①お話の中の「今日の主人公」を決める。脇役や悪役を選んでも良い。
　本書巻末のお話絵カードの中から選んでも良いし、自由に考えても良い。
②ペアで、互いに「私は、赤ずきんのオオカミになります。」と役割を伝える。
③準備時間でお互いに確認をする。
　・お話の記憶があいまいな場合に、あらすじを確認する。
　・相手が選んだ登場人物(動物)の役割や結末なども確認する必要がある場合は、この時間に確認をする。
　・相手が選んだ登場人物(動物)が、どんな気持ちだったんだろうなど、黙って想像する時間を取る。
　・対話をする2人の人物(動物)は、初対面なのか、友達なのかを決める。

■ 指導のポイント

　このゲームが成功するためには会話する者どうしがオリジナルの童話の内容を知っているということが前提となります。あらかじめ図書館などで童話を読むのを宿題にするとか、あるいは班ごとで担当して、いろいろなお話のあらすじをざっと紹介し合うといった活動をしたほうが良い場合もあるでしょう。

■ 合格ラインのモデル

例１：「あ、白雪姫さん、お久しぶり！」
　　　「あらま、桃太郎さんじゃない、今日はどちらに？」
　　　「うん、『きびだんごの素』買ってきてっておばあさんに頼まれてちょっとお使いに。」
　　　「そうなんだ。あれって「素」とかあるの？どこで売ってるの？」
　　　「最近は健康ブームだから自然食品のお店とかにおいてるんですよ。一度試しに作ってみたらどうですか？」
　　　「そうね、小人さん全員で１２人だから、作ろうと思ったら大袋を買った方がいいかしらね。」

例２：「シンデレラさん、はじめまして。僕は一寸ぼうしです。」
　　　「あら、はじめまして。わたし、あなたとお話がしてみたかったんです。」
　　　「僕もです。だって、僕たちって共通点があるでしょ。僕はすごく小さくて人間と結婚できない立場だったし、あなたも、こき使われていて舞踏会にも行けない立場だったでしょ。」
　　　「そうですよね。でも、お互いに魔法の力で素敵な相手と結婚できたものね。わたしたち、すごくラッキーでしたわね。」
　　　「ええ。ほんとに。物語では、幸せに暮らしましたとさ、で終わっていますが、その後の暮らしはどうですか？毎日幸せですか？」

■ ジャッジ

オリジナルのお話に沿って、矛盾なく続きのお話が作れていたら合格です。
・制限時間の１分間をうまく使って対話していたか。
・ナンセンスなお話の展開でも、お話がつながっていたらＯＫです。「えーそんなのありえない！」という場面を想像することは楽しいことです。

■ 応用・発展

題材を童話に限らず、みんなが知っていると思われるドラマやアニメ、実在の有名人、歴史上の人物に変えるのも面白い。
国語や社会などの教科の中でも、応用してゲームを楽しんでみてください。

情理　対話　高学年

55 なりきりインタビュー 童話編

育てたい力
想像力

■ねらい

　このゲームでは誰でも知っている童話の登場人物や動物になりきってインタビューを受けます。インタビューをする人は、物語のあらすじに即してインパクトのある正しい質問ができるでしょうか？そしてインタビューを受ける人もうまくその登場人物の気持ちを想像して答えることができるでしょうか？このゲームでは次の力を育てます。
①文脈にあった質問を考える力
②登場人物になりきってその時の気持ちや感想を想像する力

■やり方

- 人数　2人(ペア)
- 時間　1ゲーム5分ほど
- 遊び方

①インタビューする人とインタビューされる人を決める。
②インタビューされる人が24枚あるお話絵カード(本書巻末資料)の中から1枚をひく。
③そのカードを見てインタビューする人がその場の判断でその童話のどの登場人物にインタビューをするかを決めて質問をする。
例：「赤ずきんちゃん、オオカミに出会った時はどんな気持ちでしたか？」
※この時、必ずその登場人物名で呼びかけて、インタビューされる人が誰になりきったらいいのかが分かるようにする。
④インタビューされる人はその人の気持ちを想像して答える。
⑤制限時間内続ける。

■ 指導のポイント

　童話のお話を私たちはよく知っていると考えがちですが本当でしょうか？同じお話でも「赤ずきんちゃん」から見た場合と「オオカミ」や「狩人」から見た場合では違ったふうに見えるのではないでしょうか？子どもたちの想像力を使って、ひとつのお話を違った角度から見てみましょう。新たな気づきがありそうですね。ワクワクします。そのようにいろいろな立場から物事を考える力は異文化理解や異文化コミュニケーションを取っていく中で大切です。このゲームを通してその大切な力が育ちます。どんな発想も肯定的に受け入れる雰囲気を作っておくことが成功の秘訣です。

■ 合格ラインのモデル

例：「狩人さん、オオカミをやっつけられたそうですが、初めに異変に気付いたのはどんな時ですか？」
　　「まずは赤ずきんちゃんが森をとおっているのを見かけたんですが、あんな暗いところを一人で歩くなんて危ないなと思って・・・・」
　　「なるほど。そしてそれからどうしたんですか？」
　　「心配だったので仕事を抜け出して赤ずきんちゃんを追いかけました。すると案の定悲鳴が聞こえて・・・」
　　「それはたいへんでしたね。どうやってオオカミをやっつけたんですか？」
　　「実は持っていた銃の弾が切れていて、結局は相撲を取って勝負をしました。立ち合いでオオカミのみぞおちに肘がうまく入って、オオカミがおばあさんを吐き出したんです。そのあとオオカミがあんまり謝るものだから、そのまま逃がしてやりました。」・・・・

■ ジャッジ

　童話のお話の筋と合っていれば、ナンセンスな受け答えも合格です。創作がたくさん含まれていても、納得のいくストーリーラインとなっていれば合格です。

■ 応用・発展

・インタビューの結果を新聞風にまとめ、インタビュー記事にするのも楽しいでしょう。
・試してみたいテーマ例
　　歴史上の人物、アニメのキャラクター、有名タレント、スポーツ選手、校長先生、お化け、貧乏神、宇宙人

情理　対話　高学年

56　1分間対話

育てたい力
受容力

■ねらい

お題について1分間途切れずに会話を続けるゲームです。そのためにはどういう話に展開していくのがいいのか、また相手の話をよく聞きしっかり答えることも大切です。お互いが対話を盛り上げていくには短時間に様々なことを考えます。次の力を育てます。
①話題を考えて相手に伝える会話力
②相手の話を聞く力
③対話を続けるためお互い協力する力

■やり方

● 人数　2人
● 時間　1分間
① 2人組を作る。
② お題カード（名詞カード）の中から1枚カードを引く。
③ そのお題について2人で対話を1分間続ける。
④ 会話がとぎれなっかたか、内容が楽しかったか聞いてみる。
⑤ 各ペアで面白かったことや、みんなに紹介したい内容を発表してもらってもよい。
⑥ 2チームずつ前に出て、1分間対話をする。どちらがスムーズに、対話が続いていたかを、みんなでジャッジする。

名詞カード

カレーライス

僕カレー大好きなんだ！●●さんは？

私も！でも……

■ 指導のポイント

① 2人のうち、1人が一方的に話すのではなく、相手にうまく答えをもとめたりして、2人が同じ分量を話すように、また会話がとぎれないようにすること。
② 名詞カードは、子どもたちが興味をもつようなものにする。前もって希望を聞いてカードに書く言葉を決めておくと会話が盛り上がりやすい。

■ 合格ラインのモデル

お題カード・・カレー
「僕、カレー大好きなんだ！君は？」「私も。でもグリンピースが入っているのはいやなの」「僕はカレーは何が入ってても大丈夫だよ。でも辛いのはいやかな」
「私もよ。辛いとたくさん食べられなくてこまるわ」「僕の家では甘口のルーしか使わないけど、君のところは？」「うちも甘口、弟が小さいしね」
「でもお父さんは、辛いのがすきだから、ちょっといやみたいだよ」
「わかる。うちのお父さんも辛いカレー食べたいっていってたわ」
「大人になると辛いカレー食べられるのかな？」「大きくなったらぜひ辛いカレー食べられるようになりたいな」

■ ジャッジ

1分間途切れることなく対話が続いていたかジャッジする。
また2人が同じくらいの量を話していたか、お互い相手が話しやすい話題を提供していたかを見る。

■ 応用・発展

1分間対話をクラスで何度もペアを変えて練習していく。慣れてきたら前に2ペアずつ出て、対戦形式にしてもよい。
また「2分間対話」などとして、時間を延長して設定したり、無制限で、どちらが長く続くかをジャッジしたりするのも楽しい。

情理　対話　高学年

57 おすすめデートコース紹介ゲーム

育てたい力
プレゼン力

■ねらい

自分が持っている情報や想像力を使って、みんながぜひ行ってみたいと思うデートコースを考え、それをわかりやすい言葉でしっかり説明できる力を養います。
①自分でしっかり計画をたてる力
②分かりやすくまとめる力
③考えたプランで人を惹きつけたり、振り向かせるように話せる力

■やり方

①班対抗(各班4～5人)で行う。
②各班でデートコースを考えまとめる。(10分)
③班ごとに発表する。(代表1～2人がする)(各班3分)
　コースのみ紹介する用紙を用意してもよい。
　模造紙に簡単にコースのみ書く。
④各場所の内容は発表で詳しく説明する。

ここのパンケーキのベリーがオススメ♪

集合9時・家まで迎えに行く
↓
9時4分・テニス
↓
12時・レストランで食事
↓
時30分・ショッピングモール
おいしいパンケーキ
時　帰宅

ワークシートの例

おすすめデートコース

班名：

集合時間：　　　　　場所：

→時間：　　　　　　場所：

→時間：　　　　　　場所：

→時間：　　　　　　場所：

解散時間：　　　　　場所：

◆本書P.173にワークシートがあります。

■ 指導のポイント

①まずは班でみんなの喜びそうな場所はどこか話しあい、時間なども考えて、可能なコースを考えてもらう。そしてその場所で何をするのかを具体的に考えていく。
②班ごとの発表では、みんながワクワクするような表現でコースを紹介します。
③ジャッジする人は行きたいか、行きたくないかだけで選びます。
　コースの中の場所は、住んでいる所から〜分以内とか条件を決めたほうが、子どもたちにはわかりやすいかもしれません。

■ 合格ラインのモデル

集合９時家まで迎えに行く・・９時４５分公園でテニスをする（ラケットは用意します）
１２時公園のレストランで食事（日替わりランチがおすすめ）・・
１３時３０分歩いて近所のショッピングモールで買い物　おいしいパンケーキを食べよう・・１６時帰宅

■ ジャッジ

①発表する人は、みんながワクワクするような表現で話せたか。
②発表を聞いて、そのデートコースに行ってみたいか、行ってみたくないかでジャッジする。
③ジャッジをクラス全体でする時は、各自、自分の班以外で行きたいコースを選ぶ。
　たくさん選ばれた班の勝ち。
④もしくは最初から男女数名ずつのジャッジを決めておいてもよい。
　ジャッジの好みを考えてコースを考えるのも楽しい。

■ 応用・発展

・ジャッジする人からの質問タイムを設ける。その質問に班のメンバーで考えて答えていく。質問タイムは各班に２分などと決めておくとよい。
　質問にしっかり答えていたかがジャッジされる。
・事前にデートコースを班で考えておいて、写真や絵を準備するとより盛り上がる。

情理 対話 高学年

58 お願い！言って！

育てたい力
共感力

■ねらい

グループでショートストーリーを演じます。
キーのセリフを知らせていない一人のメンバーが、演じながら、そのセリフを当てるゲームです。次の力を育てます。
①筋の通った会話を即興で組み立てる即興力
②演じながらをイメージする推察力
③言葉、しぐさ、態度なども使って何とかして言わせようとするチームワーク力

■やり方

- 人数　3～4人
- 時間　1ゲーム5分

セリフを言いたい人：1人
セリフを言わせたい人：2～4人

- 準備　3分

①セリフを言う人を決める。
②残りのメンバーは、セリフを言う人に聞こえないように言ってもらいたいセリフを相談して決める。そして、どんなお話を作れば、そのセリフを言ってもらえるか、おおまかな作戦会議をする。（配役・場所・誘い水になるセリフなど）

＜セリフの例＞あまり難しくないセリフをカードにしておいて、グループごとにひいてゲームを始めるのもよいでしょう。
・「お菓子買って！」
・「いいよ。」
・「ありがとう。」
・「ごめんなさい。」
・「おいしい。」
・「要らない。」
・「のどが乾いた。」

- 即興劇を始める。制限時間2分

「さあ、和也くん、今日は、家族みんなでお買い物に行きましょう。」
「うん」
「行こう！行こう！」
「さて、スーパーについた。」
「お父さんは何を買いたい？」「そうだな、新しいひげ剃りを買っておこう。」
「和也くんは？何か買って欲しいものある？」

■ 指導のポイント

①初めは普段よく耳にするセリフをターゲットセンテンスにするとよい。
②セリフは、自分たちで決めるが、慣れるまでは、セリフが書かれたカードをひく、といったようなやり方で決めるのもよい。
③みんなで演じるショートストーリはセリフだけのものでナレーションはない。
④言い方が少しぐらい違っても内容が同じならOKとする。
⑤上手くいかなくて当たり前、とにかく動いてセリフをいろいろ言ってみよう、という事を事前に話しておく。

■ 合格ラインのモデル

例　言ってもらいたいセリフは「雪だるまを作ろう！」（Cがセリフを言う人）
A：「昨日の晩は寒かったね」
B：「そうだね、朝起きたら外が真っ白だったね。」
C：「雪がいっぱい積もってたよ。」
A：「そうだね！あ、そうだ遊ぼう。」
C：「雪合戦は？」
B：「人数がいないとつまらないよ」
A：「あ、そうだいいもの作ろう」
B：「そうそう、頭にバケツのっけたりするやつ。」（と二人で雪だるまをつくるしぐさ）
C：「そうだ、じゃあ、雪だるま作ろう！」

■ ジャッジ

①制限時間に、キーのセリフが言えたら「イエ～イ！」
②身振りも交えて、表情豊かにやっているか
③チームワークよくできているか

■ 応用・発展

・慣れてきたら長めの文章にチャレンジしてみるのもよい。
・アニメのキャラクターや、歴史上の人物でやってみるのも楽しい。

【参考書籍】「インプロゲーム」（著　絹川友梨　晩成書房刊）

9 コミュニケーションゲーム
高学年 | 論理・情理

「自分の頭で考えること。」
「自分の心に聞いてみること。」

この2つって、何か違う。
「脳みそで考えたことと」と「心で感じたこと」ってどんな違いがあるんだろう。

人間が生きていくってことは、とても厳しいこと。
人間が生きていくってことは、とても楽しいこと。
人間が生きていくってことは、とても悲しいこと。
人間が生きていくってことは、とてもわくわくすること。

そして、人間が生きていくってことは、とてもとても素晴らしいこと。

人生が「厳しい」時、脳みそを使って考えた方がいいだろうか。それとも、心を使って考えたほうがいいだろうか。
人生が「楽しい」時、脳みそを使って考えた方がいいだろうか、それとも、心を使って考えたほうがいいだろうか。
人生が「悲しい」時は、どうだろう。
人生が「わくわくする」時は？

そうやって、脳みそや心を使って「考える」ことが、「素晴らしい」人生を創るんだよ。

だから、「考えるための脳みそ」を鍛えよう。
だから、「考えるための心」を鍛えよう。

論理・情理　対話　高学年

59 お悩みなんでも相談

育てたい力
聞く力

■ねらい
・相手の悩みを聞いて、質問しながら、明るく前向きなアドバイスをする。
・相手の立場に立って、会話を楽しもうとする態度が育つ。
・自分と違った物の見方や考え方を受け入れることができるようになる。
①人の話を聞く力
②即興で質問に答える力
③人の気持ちに寄り添う力

■やり方
●人数　2～4人
●時間　1ゲーム　10分
「悩み」を聞く・・・2分×人数
①ペアになり「悩み」を聞く。
②「悩み」に対してアドバイスをする。
③役割を代えながら、グループ内で繰り返す。
　（グループ全員が相談役、アドバイス役をする）
④説得力のあるアドバイスやなるほどと思ったアドバイスをグループ内で話し合い、発表する。

相談役：体育が苦手で特に水泳の時はお腹が痛くて
相談役：いいえ泳がなければ…
アドバイス役：水が嫌いなのですか？
アドバイス役：水は平気なのね…
アドバイス役：水が大丈夫なら…

■指導のポイント

① 「悩み」を相談する
・「悩み」は深刻なものではなく、楽しいものを考える。
② 「悩み」を聞く
・どうすれば「悩み」を話しやすい態度になるか、あらかじめ一緒に考えてもよい。
・「なるほど」「わかります」など同意する言葉を積極的に入れるよう指導する。
・自分のことをよくわかってもらえるような「悩み」を奨励する。
③ アドバイスをする
・相手の気持ちを考えた話し方になっているか提案する。

■合格ラインのモデル

相談役「僕は体育が苦手で、特に水泳の時はお腹が痛くなります」
アドバイス役「水がきらいなのですか」
相談役「いいえ、泳がなければいいのですが・・・」
アドバイス役「水が大丈夫なら、泳ぎが苦手というには早いですよ。少しずつ５メートルとか目標を決めて練習しましょう」

■ジャッジ

・誰が一番前向きな、いいアドバイスができたか。
・相手が話しやすい雰囲気を作ることができたか。
・相手の「悩み」を一緒に解決できるように考えたか。
・自分のアドバイスに相手は納得したか。
・ジャッジをする時に、なぜよかったのか理由を述べる。

■応用・発展

・同じような形式で、手相占いゲームにしてもよい。
・ふりかえりなどの機会に、表情や笑顔、声の調子などの非言語（言葉以外の部分）の効果についての気付きが話題にあがれば取り上げてたたえ合います。

論理・情理　対話　高学年

60 社長！大変です！

育てたい力
逆転思考力

■ねらい

マイナスの事態を、思い切った逆転の発想で解決するゲームです。
社員：困った事態の場面を考える。
社長：マイナスの事態の中に、プラスがあることを見つける。
　　　ポジティブに考える力を育てます。

■やり方

① 2人組になる。
② 社長役と社員役を決める。
③ 決められたセリフで、即興対話を始める。
社員：「社長！大変です！」
社長：「どうした？」
社員：「（大変な事態を報告）〜〜〜〜〜。」
社長：「それは良かった！」
社員：「えっ！？どうしてですか？」
社長：「（理由）〜〜〜〜〜〜〜〜〜。」

例）
社員：「社長！大変です！」
社長：「どうした？」
社員：「会社の金庫が全て盗まれました！」
社長：「それは良かった！」
社員：「え！よ、よ、よかったんですか？」
社長：「やっとこれで、もう泥棒の心配を
　　　しなくて済むようになる。」

社長！大変です！
どうした？
社員が半数インフルエンザになりました！
それは良かった
えっと
働き過ぎだから休養になる3日間休みにしよう！

社長役
社員役

■指導のポイント

①まずは、グループやペアで、社員と社長のセリフを相談し、決めてから演じてもよいでしょう。
②慣れたら、事前に考えない即興型にチャレンジしましょう。
③「それは、良かった！」のセリフは、まだ後に続くセリフを思いついていなくても、元気よく気持ちを込めて言ってみましょう。

■合格ラインのモデル

A：「社長大変です！社員が半数インフルエンザになりました。」
B：「それは良かった。最近働きすぎだったからいい休養になるよね。3日間休みにしよう。」

A：「社長大変です！会社の隣に同業者のビルが建ちました。しかもうちより高いビルです。」
B：「それは良かった。そろそろ引っ越ししようと思っていたんだ。」

■ジャッジ

社員役
①どんな問題が起こったか、事態を的確に伝えることができたか。
②表現力豊かに伝えることができるとなお良い。
社長役
①起こった問題を正確に把握できているか。
②それに対して逆転発想ができているか。
③つじつまがあっているか。
④簡潔に意見が述べられているか。

■応用・発展

　2組で対戦にする。どちらのチームが「ほう〜！」と納得できるものであったかを競う。トーナメント方式にして、クラス一のプラス思考はどれかを決定する。

【参考書籍】「インプロゲーム」（著　絹川友梨　晩成書房刊）

論理・情理　対話　高学年

61 お願い！頼みを聞いて！

育てたい力
説得力

■ねらい

「論理的に考え、論理的に話すこと。」そして、「気持ちをしっかり言葉にして伝えること。」

これまで、この訓練を、対話ゲームの形でしてきました。「論理」と「情理」の両方を言葉にして伝える練習をすることが、この交渉ゲームの目的です。交渉には、相手の納得が得られることが大切だ、ということを知ることも目的です。（納得＝論理的に納得＋情理的に納得）

■やり方

● 人数　2人（ペア）
● 時間　1ゲーム5分程度
● 遊び方
① 2人組になる。
② 場面設定、あるいは状況説明が与えられる。
③ 1人がもう1人にお願いをする。そのお願いをする経緯や理由は、自分で考える。
④ お願いされる人は、「NO」の立場から対話をスタートします。
　相手の話を聞いて、「この人の頼みを聞いてあげよう」と、思うことができたら、「YES」と伝える。心が動かなかったら、無理に「YES」を言わない。
　質問や意見を言いながら、時間まで対話を続けます。

場面設定例：代わりに忘れ物を取りに行ってほしい。
　　　　　　図書館に行った帰りにバス代を落とした。バス代を貸して。
　　　　　　この重いカバンを持って。
　　　　　　このおかずちょうだい。
　　　　　　1000円貸して。
　　　　　　ブランコの順番を代わって。
　　　　　　おこづかいを前借りさせてほしい。

■ 指導のポイント

　人が無理なお願いを聞いてくれる時ってどんな時でしょう。
　心が動いた時ですね。どんな風に心が動くのでしょうか。
「人は説得しても動かない。納得した時に動く。（松本道弘先生の言葉）」
　論理と情理を相手に伝える、という目標で、このゲームを楽しんでみましょう。お芝居だからこそ、楽しく本気で遊べます。お互いにフィクションの中で自由にお話を作ります。お願いを聞いてあげるかどうか、心の動きには忠実に決めましょう。
＜ふりかえりをしましょう＞
　お互いに、どんな気持ちだったかを伝え合うことで、自分の言葉が相手にどう伝わっていたのかを確かめることができます。

■ 合格ラインのモデル

お題『代わりに忘れ物を取りに行ってほしい。』
A：さっき理科室に体操服を忘れたの。悪いんだけど、取ってきてくれない？
B：えー？どうしたの？
A：私、図書委員のミーティングに行かないといけなくて、時間がないの。
B：いやあ、そしたら、ミーティングが終わってから取りに行ったらだめなの？
A：ミーティングが終わったら、すぐに、宿題の残りをやって出さないと怒られる。
　　30分で宿題を出して家に帰らないと塾に間に合わなくて怒られる。
　　体操服は今日もって帰らないと、また、怒られる！！
B：忘れ物も、宿題も、自分のことだから、自分でしたほうがいいんじゃない？
A：その通りなんだけど、、、どうしても30分でできる自信がないの。お願い！
　　もう、どうしても、時間がなくて！お願い！この通りです！
B：えええ、もうしょうがないなあ。
A：ああ！ありがとう！

■ ジャッジ

　相手が納得して「お願い」を聞いてくれたら大成功！

論理
独話
対話
低学年
中学年
高学年

情理
独話
対話
低学年
中学年
高学年

場面設定、あるいは状況説明が与えられる
代わりに忘れ物を取りに行ってほしい

取ってきてくれない？
用事があって時間がないの
No
えー？どうしたの？
終わってから取りに行ったら？

論理・情理　独話　高学年

62 自己解決スピーチ

育てたい力
問題解決力

■ねらい

　自分の悩みの解決方法を自分で考え、スピーチ形式で発表します。
自分の悩みと解決方法を書くという作業で、問題解決への論理的な考え方を訓練します。
①自分の悩み(問題)は、何なのかを言語化する力
②問題解決の論理的方法を考える力
③まず、ひとつをやってみよう、という実践力

■やり方

● 人数　1人
①＜自己解決シート＞に記入する。（5分）
②発表する。

＜自己解決シート＞
①私の悩みは、_____です。
②(解決できた時の自分の姿)悩みを解決できたら、_____です。
③そのために出来そうなことを3つ考えてみました。
　1つ目は、_____
　2つ目は、_____
そして最後に、_____
④その中で、まずやってみようと思うことは、_____です。
⑤一言

◆本書P.174にワークシートがあります。

＜発展＞

■「自己解決応援スピーチ」
　友達の「自己解決スピーチ」を聞いた人が、応援のスピーチをします。
　共感・感心・応援の気持ちなどを表す。

■指導のポイント

①悩みは深刻なものではなく、小さなことから始めるほうが良いでしょう。
　（シートに沿って実践しても、どうせ解決できない、というような経験をたくさんさせてしまうことは、自信を失うことになってしまいかねません。）
②メモばかり見て話さないように指導する。
③慣れてきたら、短い時間で、シートを複数枚書くのも良いでしょう。
　（小さな悩み（問題）をどんどん解決していくイメージで）
④ひとつの小さな実践の決意を讃え、みんなで応援します。
⑤「自己解決スピーチ」を聞いた人がする「自己解決応援スピーチ」も、ぜひ、やってみてください。

■合格ラインのモデル

＜自己解決シート＞
①私の悩みは、給食を食べるのが遅いことです。
②悩みを解決できたら、遊ぶ時間が増えます。
③そのために出来そうなことを３つ考えてみました。
１つ目は、友達とおしゃべりし過ぎないようにすること
２つ目は、噛む速度を速めること
そして最後に、大口を開けること、です。
④その中で、まずやってみようと思うことことは、噛む速度を速めてみることです。
⑤やってみて、口がしんどくて大変だったら、別のことを試してみたいと思います。

■ジャッジ

悩みと解決方法の因果関係がつながっているか。

■応用・発展

・隣同士、班同士で話し合い、他にも解決策があるか一緒に考える。
・同じ悩み（問題）を持っている人がどれくらいいるのかクラスで話す。
・同じ悩み（問題）を持っていて、解決した人の体験談を聞く。

10 「話し合い力 検定」について

> 「話し合い力 検定」
> 準備委員会
>
> 説明資料

「話し合い力 検定」

人は話し合いによって成長する

私たちは、話し合いによって成長する
僕たちは、話し合いによってわかり合う

目指せ話し合い名人

話し合い ― それは、優しさ
話し合い ― それは、自分を知ること
話し合い ― それは、挑戦すること
話し合い ― それは、世界を知ること

人は、話し合いによって他人を知り、
　　　話し合いによって自分を知る。

人は、話し合いによってことばを知り、
　　　話し合いによって思考を鍛える。

人は、話し合いによって苦悩を知り、
　　　話し合いによって希望を得る。

人は、話し合いによって世界を知り、
　　　話し合いによって世界を創る。

人は、話し合いによって成長する。

背景

子どもたちのコミュニケートする力が乏しくなったと言われるようになって久しい。自分から他の人に関わろうとする力、目の前に起こった出来事や問題に対応する力や考える力についても然り。

その声は、小学生、中学生、高校生、大学生、そして、社会人の育成に関わる人たちから聞かれる、社会全体の課題とも言えよう。

異文化との衝突を免れない時代に備える社会では「グローバル人材」「社会人基礎力」の育成が叫ばれる。

社会全体の幸福、また、個人の幸福を具現化するためには、「思考」と「話し合い」の教育・訓練は不可欠なものである。

ここに、「国益」と「個人の幸福」のための「思考」「ことば」の教育の具体策を提案する。

グローバル人材（経済産業省・文部科学省）

○主体的に物事を考え、
○多様なバックグラウンドを持つ同僚、取引先、顧客等に自分の考えを分かりやすく伝え、
○文化的・歴史的なバックグラウンドに由来する価値観や特性の差異を乗り越えて、
○相手の立場に立って互いを理解し、
○更にはそうした際からそれぞれの強みを引き出して活用し、相乗効果を生み出して、
○新しい価値を生み出すことができる人材

求められる能力
①社会人基礎力
②外国語でのコミュニケーション能力
③異文化理解・活用力

産学人材育成パートナーシップグローバル人材育成委員会　2010年　報告書より

グローバル人材（外務省）

求められる要素
①語学力・コミュニケーション能力
②主体性・積極性、チャレンジ精神、協調性・柔軟性、責任感・使命感
③異文化に対する理解と日本人としてのアイデンティティー

社会の中核を支える人材に共通して求められる資質
○幅広い教養と深い専門性
○課題発見・解決能力
○チームワークと（異質な者の集団をまとめる）リーダーシップ
○公共性・倫理観
○メディア・リテラシー等

グローバル人材育成推進会議　中間まとめより

社会人基礎力（経済産業省）

〈3つの能力／12の能力要素〉

前に踏み出す力（アクション）
～一歩前に踏み出し、失敗しても粘り強く取組む力～

- **主体性**：物事に進んで取り組む力
- **働きかけ力**：他人に働きかけ巻き込む力
- **実行力**：目的を設定し確実に行動する力

考え抜く力（シンキング）
～疑問を持ち、考え抜く力～

- **課題発見力**：現状を分析し目的や課題を明らかにする力
- **計画力**：課題の解決に向けたプロセスを明らかにし準備する力
- **創造力**：新しい価値を生み出す力

チームで働く力（チームワーク）
～多様な人々とともに、目標に向けて協力する力～

- **発信力**：自分の意見をわかりやすく伝える力
- **傾聴力**：相手の意見を丁寧に聴く力
- **柔軟性**：意見の違いや立場の違いを理解する力
- **情況把握力**：自分と周囲の人々や物事との関係性を理解する力
- **規律性**：社会のルールや人との約束を守る力
- **ストレスコントロール力**：ストレスの発生源に対応する力

経済産業省HP　より

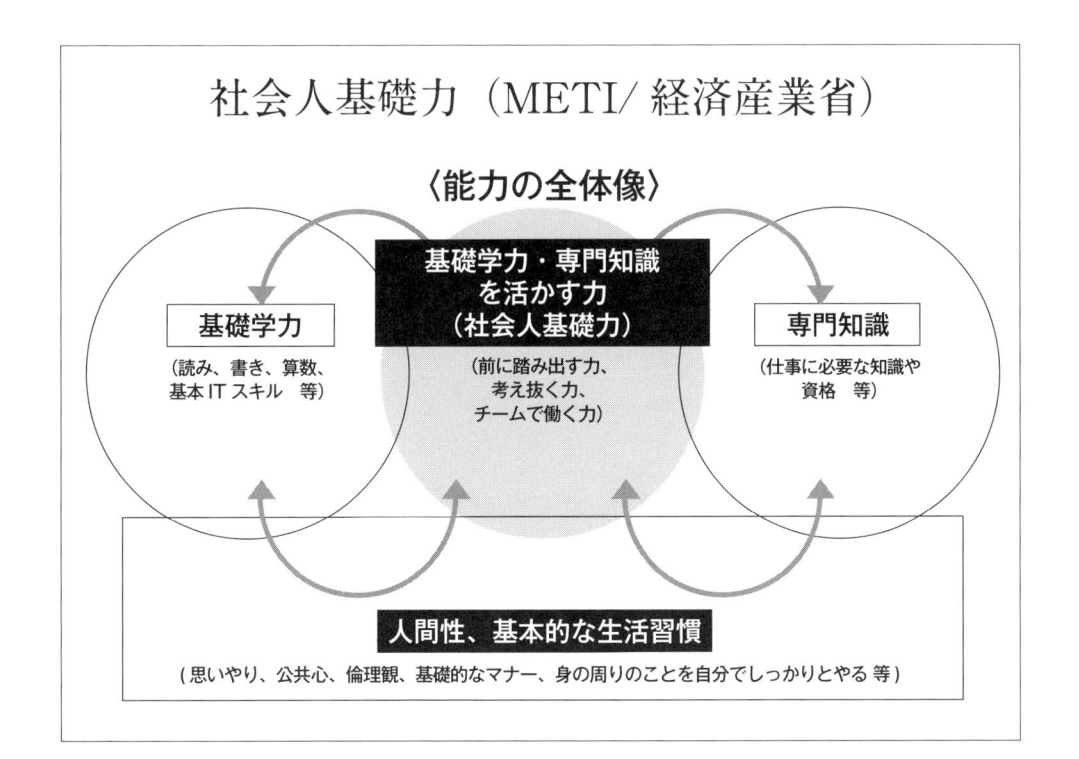

社会人基礎力（METI/経済産業省）

〈能力の全体像〉

- **基礎学力**（読み、書き、算数、基本ITスキル　等）
- **基礎学力・専門知識を活かす力（社会人基礎力）**（前に踏み出す力、考え抜く力、チームで働く力）
- **専門知識**（仕事に必要な知識や資格　等）
- **人間性、基本的な生活習慣**（思いやり、公共心、倫理観、基礎的なマナー、身の周りのことを自分でしっかりとやる　等）

本検定の目的

- ■ 自分を好きになること (メタ認知)
  他の人と関わること
  他の人に関心を持つ・他の人を好きになる
  自分を知る・自分を好きになる

- ■ 「思考」と「ことば」の力を高める
  自分は何者なのかを客観的に観る
  思考を言語化し、伝え合う

- ■ 他人や社会に関わる事柄を自分事として捉え、「関わる力」を高める
  (他の人への関心 ⇄ 自分への関心) → 社会への関心

- ■ 異質なものと関わり共存するために必要な思考力
  ディスカッション・ディベート・ネゴシエーション

本検定の価値基準

即興型 (縦軸)

「起きたことに対応する即興力」が人を強くする、という価値観を優先する。

暗記・記憶型の学び
↓
即興型の学び
小さな自己決定を重ねる

強さ →

対話型 (横軸)

「人は、自分と違うものに向かい対峙した時に成長する」という価値観を優先する。

「対話すること」「向き合うこと」「対話を諦めないこと」
↓
他 (人・社会) への関心
共に成長する

賢さ ← 優しさ

対象：児童〜成人

コミュニケーションの訓練
スピーチの訓練
質問の訓練　風
自己表現　火
論理的思考　石
問題解決の視点　石風火水
空（天・地）

三段論法
六角ロジック
問題発見の視点
複眼的視点の提示
ディスカッション
ネゴシエーション

本検定の級・段

有段者：5段、4段、3段、2段、初段 — **松本道弘先生　監修**

上級者：1級、2級、3級

中級者：4級、5級、6級、7級 — **菊池省三先生　監修**

初級者：8級、9級、10級

各級・段の目標

初級　自分のことが好きになり、友達のことが好きになる。

中級　日常生活に関わる話題で自分の意見や疑問を言葉に出すことができる。
　　　問題を解決するために対話する力をつける。

上級　社会に関わる話題に興味・関心をもち、自分の意見や疑問を言葉に出すことができる。
　　　問題を発見し、解決するための対話の力をつける。
　　　三角ロジックを使用して対話をする力をつける。

有段　社会や世界に関わる話題に興味・関心をもち、
　　　問題発見し、解決に向かって考えを提示することができる。
　　　六角ロジックを使うことができる。
　　　複眼的な視点で対話による解決を成す力。

こんな力をつける検定にしたい　1

■即興力
・暗記・記憶で準備ができるものではなく、あくまでも生来の知能(ネイティブ・インテリジェンス)を信じ、自ずから生じる即興をベースとする。
・検定のために行う訓練・練習が、生きていく力になるようなものとする。

■コミュニケーション能力
・初めて会う人と積極的にコミュニケイトして、相手との情報を共有しうる方法を知っていること。(質問の力)
・相手を不自然に喜ばせたり、傷つけたりしないためのセンサーを持っていること。
・コミュニケーションが途絶えたり、食い違った時にとっさに対応する方法を知っていること。

■スピーチの力
・与えられたテーマについて即興でスピーチを組み立て、与えられた時間内で伝える力

こんな力をつける検定にしたい　2

■自己言語表現能力
・自分のことを言葉によって表現する力。それを伝える力。
・自分の考えや気持ちを言葉によって表現する力。それを伝える力。
・自分の考えを誠意を持って相手に伝え、共感や理解をえる力。

■論理的思考力
・自分の頭で考える力
・自分の考えの論拠を提示する力
・質問に対して適切に答える力・質問する力
・反論に対して適切に答える力・反論する力
・自分の提示する前提について説明する力
・具体的な例を提示する力
・小前提、大前提の概念を言語化する力

■複数の視点を提示する力
・もうひとつの視点を提示する力(新しい視点)
・視点のずれを見つけて説明する力
・三角ロジックの知識を持つこと
・三角ロジックの分析ができること

こんな力をつける検定にしたい　3

■ ディスカッション能力
・ディスカッションの目的を果たすための対話を貫く力
・メンバーの意見を聞き出し理解を示す力
・意見、質問、反論をまとめる力
・コミュニケーション上の問題を解決する力

■交渉力
　　石・風・火・水・空
・対話スキルは、知的(IQ)なものと、情的(EQ)なものとに大別される
・交渉ごとは常にままならず、人と人との「しがらみ」はロジックだけでは割り切れない
・石という原理原則も、風向きにより調整が必要となる
・人は知的に説得はされても、情的に腑に落ちなければ、納得はできない
・石と風だけでは説得はできても、火と水という情理が加わらなければ、人を動かす情的パワーは身につかない
・知と情を足して2で割った中心点(a cross between logic and emotion)が空(ゼロ)である
・人間力の「核」ともいうべき重心が「空」である
・最終的には相手を自分に結びつける求心力のセンター
・ディベートが人を惹きつける力を発揮するのは、この共感・共鳴力である

資料編 コミュニケーションゲームで育てたい力一覧

ゲーム番号	学年(低学年)	学年(中学年)	学年(高学年)	内容(論理・情理)	内容(独話・対話)	ゲーム名	反論力	逆転思考	複眼思考	論理的思考	説得力	因果関係をたどる視点	視点を見つける力	文を作る力	スピーチ力	伝える力	聞く力	問題解決力	プレゼン力	質問力	推察力	発想力	受容力	表現力(身体・言語)	観察力	共感力	非言語伝達力	即興決断力	自分発見力	想像力	思いやり	ユーモア力
1	○	○		エクササイズやってみよう		いいね！大作戦							○												◎						○	○
2	○	○		〃		あじゃじゃおじゃじゃ																		◎	○						○	○
3	○	○		〃		あ、落としましたよ																○		◎						○	○	○
4	○	○		〃		プレゼント																◎	○							◎	○	○
5	○	○		〃		数字語で話そう					○																				○
6	○	○		〃		サイコロ対話ゲーム																○	○	◎	○						○	○
7	○	○		〃		連想ものの名前ゲーム													◎						○					○	○	○
8		○	○	論理	独話	どっちが好き？スピーチ						◎				○															
9		○	○	〃	〃	30秒スピーチ(石で考える)				○		○			◎	○															
10	○	○		〃	〃	ありがとう発見スピーチ			○	○		○	◎																		
11		○	○	〃	対話	ワンワード								○																	
12	○	○		〃	〃	対話型問答ゲーム								○			○														
13		○	○	〃	〃	どんなものジェスチャーゲーム								◎	◎															○		
14		○	○	〃	〃	○○でドラマ								◎	◎																	
15	○	○		情理	独話	なりきり作文				○		○	○	○		○															
16		○	○	〃	〃	30秒スピーチ(火で考える)					◎				◎																	
17	○	○		〃	〃	自己紹介ゲーム(好きな食べ物)										○		○				○								○	○	
18	○	○		〃	対話	質問じゃんけんゲーム														◎											○	○
19	○	○		〃	〃	なりきりインタビュー もの編														◎		○								○	○	○
20	○	○		〃	〃	好きなもの10個聞き出そう！						○								◎		◎	○			◎		◎			○	○
21	○	○		〃	〃	なりきり他己紹介											○													○	○	○
22	○	○		〃	〃	私は木です					○					○						○		◎						○	○	○
23	○	○		〃	〃	見て！			○																					○	○	○
24	○	○		〃	〃	宝物紹介ゲーム													◎								◎				○	○	○
25	○	○		〃	〃	サイコロ数字ストーリー											○										◎				○	○	○
26	○	○		〃	〃	あなたはクッションです																	◎	○			◎				○	○	○

	○	○		○			○	○				○			○	◎	○		○			○		○	○	○					○
○	○		○		○			○			○													○			◎	◎			
					○	○		○																							○
	○	○		○							○			○				○		○								◎	○		
							◎	○							○	○								○		◎					
○	○		○							○			◎		○						○				○						
○			○										◎								◎										
	◎			○	○						○	○						○	○	○		○				○					◎
		◎	○	◎	○	○					○			○			○	○			○			○				○			
○	○	○	○		○	○	○	○	○			○	○			○		○		○		○	○					○			
○	○		○		○		○		○	◎		◎			○		○		◎		○			○				◎			
			○	◎	○	○	○	○		◎					○	◎	○							○	○	○	○	○		○	
				○	◎	○										○												◎			
					○	○														◎	○										

No.	カテゴリ	種別	タイトル
27			無人島サバイバルゲーム
28			おすすめスピーチ 童話編
29		独話	再現スピーチ
30			べきべきスピーチ
31	論理		じゃんけんスピーチ
32			文句言わせて！
33			素晴らしさ発見スピーチ
34			でもでもボクシング
35		対話	事実か意見かじゃんけんポン！
36			5W1H即興質問
37			隠し言葉当てゲーム
38			ディピカル・ストーリー
39			じゃんけん同時通訳
40			引用質問ゲーム
41	情理	対話	チャップリントーク
42			お茶の間リアクション
43			どんな時？対話ゲーム
44			おんなじおんなじ
45			理由づけ字数制限スピーチ
46		独話	トップセールスマンを目指せ
47			風が吹けば桶屋ゲーム
48	論理		これは良いニュースです
49			Why-Because ゲーム
50		対話	その意見、ちょっと待った
51			よってたかって質問ゲーム
52			違うよ
53		独話	一人二役問題発生スピーチ
54			なりきり対話 童話編
55	情理	対話	なりきりインタビュー
56			1分間対話
57			おすすめデートコース紹介ゲーム
58		独話	お願い！言って！
59			お悩みなんでも相談
60	論理+情理	対話	社長！大変です！
61			お願い！頼みを聞いて！
62		独話	自己解決スピーチ

資料編　お話絵カード

◆ P.166～174 のシートは、以下の方法でダウンロードできます。
① 中村堂のホームページにアクセスします。　http://www.nakadoh.com/
② 画面上部のメニューから［ダウンロード］を選びます。
③ ［コミュニケーションゲーム 62］の書名をクリックします。
④ 以下のユーザー名とパスワードを入力します。
　　ユーザー名：communication　　パスワード：hanashiai
⑤ ワークシート名をクリックして、印刷あるいはダウンロードします。

167

資料編 お話絵カード

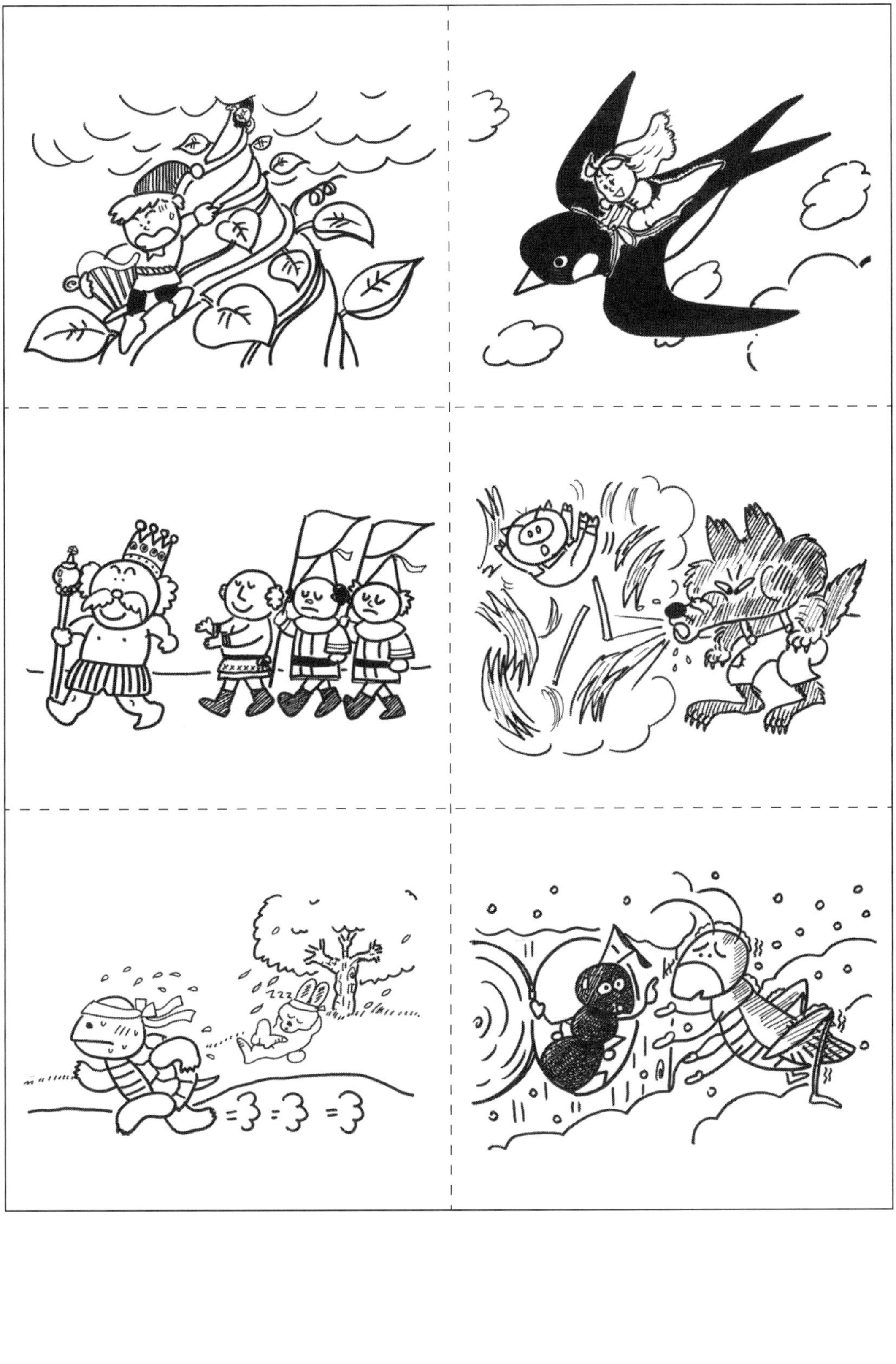

資料編 ワークシート ※拡大してご使用ください。

ワークシート 17

自己紹介ゲーム（好きな食べ物）

なまえ

私の好きな食べ物は「　　　　　　　　」です。

理由その1
_____

理由その2
_____

理由その3
_____

（味、かおり（におい）、見た目、食べた感じはどうか、思い出　など）

ワークシート 27

無人島サバイバルゲーム

なまえ

大変です豪華客船が沈没！
脱出の時あなたは3点だけ持ち出しできます！

1 (　　　　　　　　)
その理由1
_____

2 (　　　　　　　　)
その理由2
_____

3 (　　　　　　　　)
その理由3
_____

ワークシート

38 ティピカル・ストーリー

なまえ

① 昔々あるところに

② 毎日毎日

③ ところが（そして）

④ なぜなら

⑤ そして

⑥ そして最後に

⑦ その日以来、〇〇は、〜〜とさ。おしまい。

⑧ みんなで「じゅっぴんぱらりのぷぅ」と声を揃えて言って終わる。

ワークシート

33 素晴らしさ発見スピーチ

なまえ

（　　）の素晴らしさを発見！

素晴らしい理由1

素晴らしい理由2

素晴らしい理由3

資料編 ワークシート ※拡大してご使用ください。

ワークシート 46 トップセールスマンを目指せ
なまえ

（　　　　）をセールスします。

おすすめのポイント①

理由

おすすめのポイント②

理由

おすすめのポイント③

理由

ワークシート 48 これは良いニュースです
なまえ

（　　　　）のニュースを紹介します。

記事の紹介

良い面

理由

悪い面

理由

ワークシート 57 おすすめデートコース紹介ゲーム

なまえ

おすすめデートコース（　　　）
班名

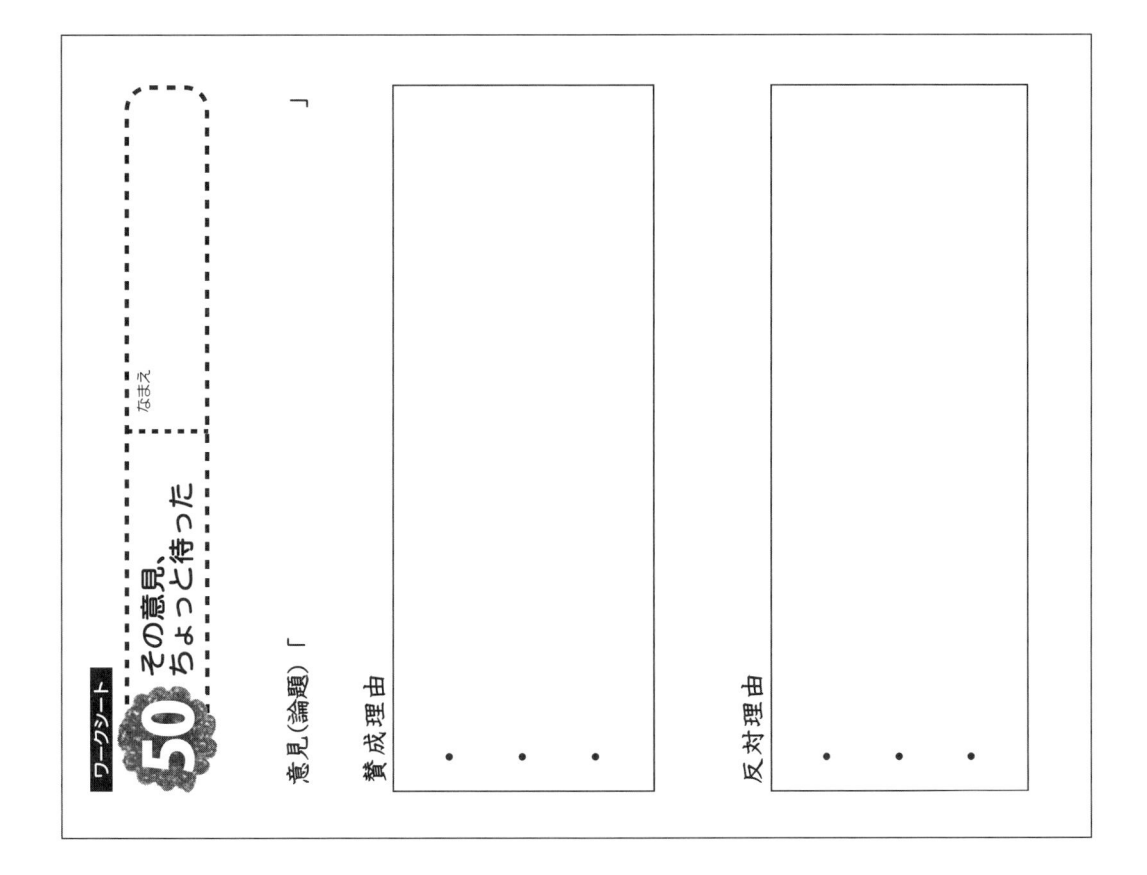

集合時間：　　　　　場所：
→時間：　　　　　　場所：
→時間：　　　　　　場所：
→時間：　　　　　　場所：
解散時間：　　　　　場所：

ワークシート 50 その意見、ちょっと待った

なまえ

意見（論題）「　　　　　　　　　　　」

賛成理由
-
-
-

反対理由
-
-
-

資料編 ワークシート ※拡大してご使用ください。

ワークシート 62 自己解決スピーチ

なまえ _____

① 私の悩みは、_____ です。

②（解決できた時の自分の姿）悩みを解決できたら、_____ です。

③ そのために出来そうなことを3つ考えてみました。

1つ目は、_____

2つ目は、_____

そして最後に、_____

④ その中で、まずやってみようと思うことは、_____ です。

⑤ 一言

● 著者紹介

菊池省三（きくち・しょうぞう）

　1959年愛媛県生まれ。山口大学教育学部卒業。元福岡県北九州市公立小学校教諭。文部科学省の「『熟議』に基づく教育政策形成の在り方に関する懇談会」委員。全国ネット「菊池道場」道場長。

池亀葉子（いけがめ・ようこ）

　NPO法人グラスルーツ理事長

NPO法人グラスルーツ

明石和美／北川秀美／日下部純江／塩川幸恵／實光真弓／竹田里香／ドリー北村／中岡美志／中野登美子／林由香／松本紀子／吉田直美

「話し合い力」を育てる コミュニケーションゲーム62

2015年4月10日　第1刷発行
2024年2月20日　第6刷発行

著　者／菊池省三　池亀葉子　NPO法人グラスルーツ
発行者／中村宏隆
発行所／株式会社　中村堂
　　　　〒104-0043　東京都中央区湊3-11-7
　　　　湊92ビル 4F
　　　　Tel.03-5244-9939　Fax.03-5244-9938
　　　　ホームページアドレス　http://www.nakadoh.com

本文イラスト／佐藤友美
編集協力・デザイン／佐川印刷株式会社
印刷・製本／日本ハイコム株式会社

◆定価はカバーに記載してあります。
◆乱丁・落丁の場合はお取り替えいたします。

ISBN978-4-907571-13-9